사랑받는 이기주의자

사랑받는 이기주의자

박코 지음

나를 지키며 사랑받는 관계의 기술

북플레저

프롤로그

이기적인 사람이 사랑받는다

모든 관계가 미숙했던 학창시절, 나는 친구가 없었다. 그래서 택한 전략은 흔히 많은 이들이 선택하는 '착한 사람'처럼 구는 것. 하지만 그래도 안 생기더라. 아니, 생기긴 생겼는데 내가 생각하는 친한 사이는 안 되더라. 그냥 같은 반 친구라서 말 섞어주는 애들이 전부였지. 그래서 내가 한 것은 '인기 많은 애들 관찰하기'. 그 애들은 대체 어떻게 하기에 저렇게 생일 때 집에 초대할 친구도 있나 싶었거든.

그런데 도저히 모르겠더라. 그냥 잘해주기만 하면 될 줄 알았는데, 그 애들은 오히려 친구들한테 자기 맘대로 하더라. 저러면 미움받는 거 아닌가? 내 상식으로는 도무지 이해할 수 없는 것투성이였다.

그렇게 나이를 먹고, 나름 능글능글 능숙해진 지금은 그 친구들이 너무 잘 이해된다. 오히려 과거에 그들을 이해하지 못한 나를 가여이 여길 따름이다. 알고 보면 그 시절, 내가 모르는 것들이 너무 많았다.

그런데 왜 아직도 내 주변에는 가여운 이들이 보이는 걸까. 분명 이 사람들은 나와 같은 어른인데, 아직도 '착한 사람'처럼 구는 게 최고인 줄 알고 있더라.

이타적인 통념을 강요받는 우리는 사실 모두 이기적이다. 아니, 너무 이기적이라서 이타적인 것을 그렇게 교육받는 걸 수도 있다. 원래 인생은 혼자라느니, 이타적으로 살면 호구가 된다느니 하며 쿨한 척 염세주의를 전파하려는 건 아니다. 그냥 이렇게 태어난 걸 어쩌겠나 하는 탄식에 가깝달까.

그런 존재들이 타인과 관계를 맺는다는 건 무작정 착하고 나쁘고, 이용하고 이용당하는 일차원적인 개념은 아닐 것이다. 좀 더 복잡미묘하고 각자의 이기심이 맞물리는 느낌이다. 누군가에게 사랑받고 존중받는 것도 거기서 비롯된다. 나의 이기심을 인정하고, 너의 이기심을 받아들이는.

그러면 조금은 과하다 싶을 정도로 두꺼운 가면을 벗어던지고, 서로의 진정한 얼굴을 마주할 수 있을까 싶다. 그때는 진심으로 웃는 얼굴은 어떤 표정인지 알 수 있겠지.

사랑받는 이기주의자

사랑받았으면 좋겠다. 최대한 많은 이들에게, 이왕이면 좋은 사람들에게. 그 마음이 좀 이기적으로 느껴지면 어떤가. 그렇게 될 수만 있다면 더할 나위 없는 거지. 그럴 수 있느냐, 그럴 수 없느냐의 문제일 따름이다.

우리가 진정으로 원하는 모습이 '외로운 이타주의자'가 아닐 것임은 분명하다. '이기주의자'가 되어도 좋으니, 이제는 어른이 된 나의 생일에 초대할 좋은 친구가 가득했으면 좋겠다. 이왕 사회적인 존재로 태어난 김에, 그렇게 사는 것도 나쁘지 않을 테지.

이 책의 마지막 장을 덮었을 때, 당신이 좋은 사람들에게 가득 둘러싸여 있기를 바란다.

차례

1

결국,
나를 좋아하게 될 거야

2

사랑받는
이기주의자

3

그 사람은
재활용하지 마세요

4

뜨거운 사람보다,
식지 않는 사람이 좋다

'아무나' 만나지 않는 것보다
'아무나'가 되지 않는 것부터

1   결국,
나를 좋아하게
될 거야

누군가는 지금도 상처 없이, 사랑받고 있다

타인이 주는 상처에서 자유로워지는 법

슬픈 사실은, 우리가 사람을 만날 때 항상 내 뜻대로 되지 않는다는 거다. 사실 내 뜻대로 안 될 때가 훨씬 많다. 서로의 입장을 조율하는 건 피곤하다. 내가 하고 싶은 걸 맘대로 다 하지 못해 답답해질 때도 많다. 그로 인해 사람을 만나서 좋은 것만큼, 사람 만나는 게 힘들어지는 이중적인 감정에 사로잡힌다.

관계에서 오는 피로를 주기적으로 해소해야만 더 건강한 인간관계를 맺을 수 있다. 풀어줄 때 풀어주지 않으면 팽팽하게 잡아당긴 고무줄처럼 툭 끊어져버리고 만다. 그러다 보면 "에이, 다 그만두자" 하며 무책임하게 관계를 놓아버리게 되는 것이다.

관계의 문제를 제대로 해소하지 못하면 참다못해 폭발해서 방어적인 태도로 돌변하게 된다. 대표적인 반응으로는 메신저 프로필 사진을 삭제하거나, SNS 계정을 비활성화하고, 습관적으로 연락을 받지 않는 등의 행동을 한다. 완전히 제멋대로 굴거나, 가까운 사람에게 짜증 내며 공격적인 성향으로 드러나기도 한다. 어떤 유형이건 이런 행동은 전혀 건강하지 않은 태도이고, 스스로를 갉아먹으며 타인에게까지 깊은 상처를 주고 만다. 인간관계에서 자신이 상처받은 피해자라고 여기겠지만, 그로 인해 다른 사람들까지 상처를 주는 가해자가 되기도 하는 것이다.

이런 악순환은 사람을 대할 때 쌓이는 피로가 누적되기 때문에 생긴다. 관계의 피로는 그냥 내버려둔다고 해서 사라지는 것이 아니다. 우리의 '마음'은 심장에 있는 것이 아니라 뇌에서 비롯한다는 걸 기억해야 한다. 냉정히 말하면 심장은 혈

액을 순환시키는 신체 기관일 뿐이니까. 생각해보면 과연 인간관계에서 '머리 쓰는 게 잘못된 것'일까? 내 마음은 상처도, 피로도, 희로애락도, 심지어 사랑까지도 신체 기관인 '뇌'에서 작용한다. 결국 뇌의 능력, 즉 정신력의 문제일 따름이다. 물론 '정신력으로 억지로 버티라'라는 무책임한 소리를 하는 건 절대 아니니 분노하진 마시라.

많은 사람이 평소에 지나치게 남의 시선을 의식하느라 그 정신력을 컨트롤하지 못한다. 심지어 자기가 남의 눈치를 안 본다고 생각하는 사람들조차. 상대에게 밉보이고 싶지 않은 마음에 필요 이상으로 조심하고 좋은 모습을 보여주려고 애쓰다 보면, 어느새 정신력이 동이 나버리는 것. 누구를 만나든 두뇌를 풀가동하고 있으니, 안 피곤해지는 게 이상한 일 아닌가. 그러다 보면 정작 가깝고 중요한 사람에게는 "내 모습을 그대로 받아줘"라는 식으로 억지를 부릴 때가 많아지기 마련이고. 밖에서는 누구에게나 착한 사람이면서, 집에 오면 짜증만 가득한 불효자가 되는 것이 대표적인 경우라 할 수 있다. 또는 정말 정신을 컨트롤해야 하는 결정적인 순간에 결국 참지 못하고 폭발해버리기도 하고. '평소에는 안 그러다가, 갑자기 왜 저래?', '분노조절이 안 되나?' 하는 느낌을 받는 사람들이 딱 이 케이스라고 보면 된다. 무슨 휴화산, 활화산도 아니고. 이런 과정을 반복하다 보면 쌓아온 관계들이 무너지고, 거기에 또 상처받고 절망하게 되는 순간이 찾아온다.

만남을 지속하면서 상처받지 않고 계속 행복할 수 있는 방법은 딱 두 가지이다. 최대한 정신력을 적게 쓰고, 효율적으로 대하자. 정신력을 많이 소모했다면 그로 인한 피로를 주기적으로 해소하고 정신력을 충전하자. 이 방법만 제대로 행한다면 비록 상처를 받더라도, 스스로를 지켜내며 건강한 관계를 만들어갈 수 있다.

너와 나의 '안전거리'

'멀대가소'

사자성어는 아니고 '멀면 대충 가까우면 소중히'의 줄임말이다. 가깝지 않은 사람에게는 조금 냉정해지자. 당장 내 삶에 손해를 주지 않는 사람, 잘 모르는 사람에게는 너무 예의 차리지 말고 대충대충 하라는 것이다. 한 번 보고 말 사람에게 굳이 친절하지 않아도 된다는 소리이기도 하고, 나한테 딱히 해줄 것 없는 사람에게 굳이 잘 해주지 말라는 말이다. 대체 거기에 힘을 왜 빼나? 그럼 예의 없는 사람 취급을 받으면 어쩌나 하는 생각이 들 수도 있을 텐데, 그런 사람들한테 잘 보여봤자 내가 얻을 것도 잃을 것도 없다.

그렇게 아껴둔 정신력으로 나한테 잘 해주는 친구들이나 애정을 쏟는 가족들, 오랜 연인, 사회생활하면서 도움되는 사람들을 더 소중히 하면 된다. 그게 더 이상적이지. 주변 관계도 좋아지고, 소중한 사람들을 소중하게 대할 줄도 아는 '진짜 좋은 사람'이 될 수 있는 것이다. 이렇게 하면 생각보다 인간관계가 피곤하지 않게 된다. 심지어 정신력이 남아돌아서 새로운 사람을 사귈 여력까지 생길 수도 있다. 선택과 집중의 긍정적인 효과라고 할 수 있다. 난 그걸로 사회생활에 도움이 되는 상사나, 인맥이 되어줄 만한 사람을 관리하는 데 쓰기도 한다. 한 번 보고 말 사람한테 쓰는 애먼 노력보다 백 배는 나은 선택이다.

대화 스킬 킥

: 일회성 만남이나 적당히 거리를
   유지해야 하는 사람과 대화하는 방법

심리적으로 거리가 먼 사람에게 조금 느슨한 관계를 유지한다고 해서 다짜고짜 화를 내거나, 매정하게 대하자는 것은 아니다.

낯선 사람이 말을 걸어올 때

살갑게 대하는 것이 불편하다면 담백하게 대답해도 괜찮다.

매장에서 직원이 친절하게 "뭐 찾으세요?" 하며 말을 걸어온다면, "둘러보고 필요한 거 있으면 말씀드릴게요" 또는 "이게 필요해서 왔는데요"라며 간단히 답하자. 굳이 미소를 보이지 않아도, 친절에 화답하지 않아도 된다.

택시 기사님이 말을 걸어올 때

조용하게 가고 싶은데, 택시 기사님이 괜히 말을 걸어오고 궁금하지도 않은 이야기를 주절주절 늘어놓는다면, "제가 조금 피곤해서요", "저 잠깐 중요한 연락 좀 할게요" 또는 "이어폰을 켜야 해서 죄송합니다"

하면서 정중하게 대화를 거절하자.

친하지도 않은 친구에게서 오랜만에 연락이 왔을 때
필요 이상의 대화를 하지 말도록 용건만 말하자.
"그래, 잘 지내", "갑자기 급한 일이 생겨서", "응, 난 이제 잘게" 정도로
대화를 끊어내자. 어차피 가깝게 지내지 않았다면, 앞으로도 그럴 확
률이 높다. 만약 그 정도로 상처받고 미워할 사람이라면 상대에게 문
제가 있는 것이다.

합법적 '감정 쓰레기통'

특별한 '척', 아름다운 '척', 절제하는 '척'하는 사람 중 그 모습이 진실인 사람은 거의 없다. 아니 전혀 없다고 해도 무방하다. 겉으로 그런 모습이 일관적으로 유지되려면 상당한 정신력이 필요할 테니까. 이런 사람들은 어쩌면 뒤에서 이상한 방식으로 스트레스를 풀고 있거나, 비뚤어진 사고를 가질 확률이 높다. 도덕적 결함이 없거나 완전무결해 보이는 사람이 알고 보니 상습적인 폭력이나 중독, 불법 행위를 일삼았다는 뉴스가 심심찮게 있는 이유다. 많은 사람은 뉴스를 보고 "그런 줄 몰랐는데, 실망이네요" 같은 충격받은 댓글을 달곤 하지만, 사실 그건 인간이 가진 정신력의 한계를 너무 모르는 것이다.

결국 누구든 정신력을 충전하고 피로를 해소할 곳이 필요한 법. 소위 감정 쓰레기통이나 대나무숲이 필요하다. 좀 더 날것으로 말하면, 나는 이걸 '똥꼬'라고 부르는 걸 좋아한다. 참 직관적이지 않나. 먹었으면 싸는 것처럼, 쌓였으면 배출하는 게 자연의 이치이니까. 우리의 마음 역시 다르지 않다.

물론 그것은 합법적이고, 내가 컨트롤할 수 있는 것일수록 좋다. 이왕이면 '건강한 배출구'라 부를 수 있는 것으로. 그게 옆집에 들릴 만큼 큰 목소리로 노래하는 것일 수도 있다. 여윳돈의 대부분을 쇼핑으로 탕진하거나, 에어컨을 틀어놓고 이불을 뒤집어쓰는 등의 낭비행위를 하는 것도 나쁘지 않다고 본다. 심심하면 점을 보러 다니는 것도 누구에게도 피해를 주지 않으니, 전적으로 자기 자유다.

온전한 사회의 일원으로 살아가기 위해, 좋은 사람이 되기 위해, 서로에게 긍정적인 영향을 주기 위해 각자만의 배출구를 만든다. 내가 쓰는 방법으로는 이런 것들이 있다. 주인공이 슈퍼 히어로처럼 세계관 최강자가 되는 유치한 웹소설을 보기도 하고, 혼자 양껏 배달 음식을 시켜 먹은 후 누워서 잠을 청하기도 한다. 가끔 화장실 거울 앞에서 유행하는 음악을 들으며 멋대로 춤을 추기도 한다. 그 순간에는 내가 어떤 사람인지 뭐가 중요하겠는가. 마음껏 행복한 게 최고다.

이런 '배출구'는 남들에게 보여주기에는 좀 창피하더라도, 결코 잘못된 것이 아니다. 굳이 생산적일 필요도 없고, 그럴듯한 의미도 필요 없으며, 남들이 이해하지 못하는 것이라도 괜찮다. 합법적이고 내가 컨트롤할 수 있다면 충분히 존중받아도 된다. 그러니 지친 내 마음을 달래줄 비생산적인 감정 쓰레기통, 대나무숲, 혹은 똥꼬라도 좋으니까, 뭐든 하나 이상 만들어보길 추천한다. 뿌직.

자존심보다 중요한 '자존감'

누군가를 만나다 보면 그 사람이 나에게 더 매달렸으면 좋겠고, 나에게 더 간절한 마음을 가졌으면 좋겠다는 심리가 생긴다. 하지만 그 마음이 정도를 넘어버리면 친절을 맡겨놓은 것처럼 강요하거나 마음을 함부로 대하는 일도 생긴다. 서로 의견을 주고받다 물러서지 않고 자신이 더 우위에 있다고 생각하면 일종의 기싸움을 하거나 자존심만 세우는 행동을 하게 되기도 한다.

툭 까놓고 말해, 이건 전부 쓸데없는 짓이다. 모든 관계는 그것을 통해 얻을 것과 잃을 것이 존재하는데, 자존심은 이와 별로 상관이 없는 것이기 때문. 얻을 것, 잃을 것은 굳이 사회적이거나 금전적 이득을 말하는 건 아니다. 같이 즐거운 시간을 보내는 것이나 친목을 다지는 것 또한 관계에서 얻을 수 있는 무형의 이득이지 않나. 가족도 예외가 아니다. 마음의 안정이나 일상의 평화, 지지받는 행복 같은 이득을 나누는 관계이니까.

자존심을 세우는 건 '어떤 사소한 것에 대한 집착'으로 그 모든 이득을 포기하는 행위다. 일부러 그런 게 아니라면 그냥 넘어가주고, 별거 아닌 부분은 편하게 양보하면 된다. 굳이 바락바락 따지고 들면서 관계를 악화시킬 필요 없이.

자존감 : 내 감정의 결정권이 '나'에게 있는 것.
자존심 : 내 감정의 결정권이 '남'에게 있는 것.

이처럼 자존심과 자존감은 절대 양립할 수 없다. 서로 반비례할 뿐이다. 결국 감정의 결정권이 나에게 있는 '자존감'이 높을수록 상대가 어떻게 행동하든 크게 신경 쓰지 않는다. 그래서 자존감이 높은 사람은 나에게 피해를 주거나 손해를 끼친다면 어느 정도는 감수하지만, 어느 선을 넘으면 관계를 단칼에 잘라내기도 한다. 반대로 계속 상대를 신경 써야 하는 '자존심'이 강하면 강할수록, 어쩔 수 없이 사소한 부분까지 영향을 받게 된다. 내가 감정을 다 만족시켜주지 않는 상대의 태도에 민감해질 수밖에 없는 것이다. 문제는 여기서 발생한다. 서로 좋자고 만나는 관계에서 상대에 대한 이해와 존중 없이 자존심만 챙기려 한다면, 누구를 만나도 관계가 깨지는 것이 당연하다.

친구끼리 싸우게 되었을 때 "걔가 말을 이상하게 하잖아"라며 절대 먼저 사과하지 않았던 상황을 생각해보자. 내가 먼저 사과하면 '굽히고 들어간다'라고 느껴져서 자존심이 상하는 것이다. 사과만 하면 좋게 끝날 일인데 서로 절대 먼저 사과하지 않는다.

이 상황에서 자존감이 높은 사람은 먼저 사과를 해버린다. 앞으로 안 볼 사이도 아니고, 계속 얼굴을 붉히는 게 더 손해라고 생각하니까. 상대를 위해 먼저 사과하는 게 아니라 순전히 '나'를 위해 먼저 사과하는 것이다. 그러면 언제나 그랬듯이 한 마디의 사과로 상황은 좋게 마무리된다. 만약 상대가 사과를 바로 받아주지 않더라도, 이왕 먼저 사과했으니 한 번 더 사과의 메시지를 전하면 그만이고.

자존감이 높은 사람에게는 이런 사소한 것쯤은 얼마든지 양보해도 상관없는 것이다. 누군가는 "쟤는 속도 없나?"라고 말할지 모르지만, 사실은 굉장히 합리적인 것이다. 자존심 좀 굽힌다고 큰일 나는 것도 아니고, 결국 상황이 편한 방향으로 흘러간다는 걸 알고 하는 거니까.

'잘난 내가 먼저 숙여주지 뭐.'

그렇다고 자존감이 높다 해서 무작정 양보하고 사과만 하는 건 아니다. 평소에 사소한 것에 집착하지 않으면서 쌓아둔 정신력을 응축해서 정말 필요한 곳에 사용한다. 뒤에서 나를 모함하는 건 그럴 수 있다고 생각해도, 내가 하지 않은 잘못까지 없는 말을 지어내고 다니면 정면으로 맞선다. 불친절한 서비스에는 신경 쓰지 않지만, 제대로 받아야 할 상품에 문제가 있거나 받지 못할 경우는 확실하게 요구한다. 내 의견에 반대

사랑받는 이기주의자

하는 건 이해하고 넘어갈 수 있지만, 근본적인 신념에 영향을 끼치려 든다면 철저하게 저항한다. 부드럽게 대했을 때 마음이 풀어지는 사람에게는 유하게, 오히려 만만하게 보는 사람에게는 대쪽같이 행동하기도 한다.

내가 운영하는 유튜브 채널에 달린 악플을 대할 때도 마찬가지이다. 나의 말에 반대 의견을 표하거나, 외모나 말투 같은 개인적인 부분을 평가하는 것은 딱히 신경 쓰지 않는다. 하지만 밑도 끝도 없는 욕설이나 허위 사실을 유포할 때는 철저하게 반박한다. 정도가 심한 사람은 본보기를 보여주기 위해 공개적으로 조롱을 할 때도 있고.

결국 '자존감 높은 사람'의 입장에서, 자존심 센 사람을 바라보는 관점은 이러하다.

> '참 피곤하게 사네.
> 그런데 일일이 상대하면 나까지 피곤해질 테니,
> 적당히 받아주는 척 넘어가자.'

그러면 '자존심 센 사람'은 자신의 사소한 자존심을 지켰기에, '내가 이겼다'고 생각할 테지. 승자도 패자도 없는 진정한 윈-윈Win-Win이니, 이보다 좋을 수 없는 것이다. 물론 관계의 선택권은 결국 자존감 높은 쪽이 가지겠지만.

좋은 것만 보고 살기에도, 인생은 참 짧으니까.

있는 그대로의 나로,
사랑받기 위해

나는 아무나가 아니다

유튜브에서 연애나 인간관계 노하우 영상을 올리다 보면, 이런 댓글이 심심찮게 달리는 걸 볼 수 있다.

> "아, 나는 그냥 있는 그대로
> 사랑받고 싶은 것뿐인데…
> 이렇게까지 해야 돼?"

응, 그렇게까지 해야 해. "그냥 사랑받고 싶은 것뿐"이라며, 그걸 마치 '당연한 것인 양' 생각하는 게 얼마나 자기중심적인

지. 그런 생각을 하는 것 자체만으로 사랑받을 준비가 되지 않은 것이다.

누군가에게 사랑을 받는다는 건, 사실 굉장히 특별한 것 아닌가. 반대로 말하면, 특별한 사람이어야 사랑을 받을 수 있다는 소리이기도 하고. 그게 부당하다, 잘못됐다는 생각이 든다면, 가슴(심장)에 손을 얹고 생각해보시라. 나 또한 사랑하는 사람이, 날 사랑해주는 사람이 '특별한 사람'이길 원하지 않나. 나에게 전혀 특별하지 않은 누군가가 사랑을 준다고 해서 사랑받는다는 느낌이 들 리가 없지 않나. 오히려 부담스럽기만 할 뿐이지. 그러니 나 또한 사랑을 받고 싶다면, 내가 주는 사랑에 화답받길 원한다면, 어쨌든 특별한 사람이 되어야 한다. 특별한 말, 특별한 모습, 특별한 행동 등.

그래서 우리는 노력이란 걸 한다. 있는 힘껏 최선을 다한다. 그러면서 진정으로 특별해진다. 아이러니하게도 있는 그대로 사랑받기 위해서, 있는 그대로 가만히 있으면 안 된다는 것이다.

사랑받는 이기주의자

부디 '있는 그대로 사랑받는다'는 말을 '아무것도 하지 않았는데 알아서 찾아오는 것'으로 평가절하하지 말았으면 한다. 나의 나태함을 상대 탓으로 돌리지 말자. 한 번쯤은 진짜 사랑받기 위해 최선을, 아니 발버둥이라도 쳐보아야 한다. 나는 그걸 '인간미'라고 부르는 걸 좋아한다. 인간답게, 사람답게, 할 수 있는 한 최선을 다하는 것. 그 또한 내가 지닌 '있는 그대로의 모습'이 아닐까.

그러니 혹여 그 모습을 알아주지 못하는 사람이 있다 해도, 그럼에도 사랑받지 못하는 순간이 오더라도, 부디 절망하지 말자. 최선을 다하는 그 모습 자체로 아름다운 건 모르겠고, 언젠가 그것을 보상받을 날은 분명히 올 테니까. 결국 그 모습을 알아주는 사람이 나타나든, 그러면서 더 능숙하고 성숙한 사람이 되든.

'아무나' 만나지 않는 것보다 중요한 건,
내가 '아무나'가 되지 않는 것.

저평가 우량주를 자처하지 말 것

우리나라에서는 아직도 유교 사상의 영향으로 겸손을 미덕으로 생각하는 이들이 많다. 그러나 인간관계에서는 이 겸손이 과할수록 오히려 독이 되기도 한다. 우리가 칭찬받았을 때 입버릇처럼 나오는 말이 그 대표적인 경우다.

"아이구, 아니에요."
"왜 그러세요~ 그 정도는 아니에요."
"에이~ 아직 많이 부족하죠….."

내가 칭찬을 인정해버리면, 자칫 잘난 척하는 사람으로 보일까 봐 끊임없이 자신을 낮추는 것이다. 애석하게도 이걸 마치 기본 소양인 양 여기는 사람이 참 많은데, 나는 별로 추천하지 않는 편. 물론 겸손한 모습이 '나쁜 인상'을 방지해준다는 건 인정하지만, 그렇다고 딱히 기억될 만한 '특별한 인상'을 주는 것도 아니기 때문이다.

솔직히 누군가가 나를 칭찬한다는 건, 그 소리를 들을 만한 좋은 모습을 보여줬다는 뜻 아닌가. 거기에 대다수 사람이 하는 뻔한 겸양을 떨 이유가 있을까? 오히려 '칭찬할 만한 나'를 '그저 그런 나'로 퇴색시킬 뿐이다. 생각해보라. 칭찬해줄 때마다 "아니야~", "에이, 왜 그래~", "내가 뭘~"이라는 식으로 부정하기만 한다면, 칭찬해줄 맛이 나겠나. 심하면, 좋아 보였던 그 모습조차 아무 느낌 없어지게 될 수도 있다.

반대로 '특별한 인상'을 주는 사람은 정반대로 반응한다. 긍정적인 평가를 받았을 때 굳이 겸손하기보다는, 오히려 강하게 긍정을 해버린다. 예를 들어 "너 오늘따라 예쁘다", "오늘 좀 멋있네"와 같은 칭찬을 들었을 때 이렇게 대답한다.

"그렇게 말해줘서 고마워."
"되게 오랜만에 들어보네요. 감사해요."

이렇게 내 모습을 알아봐준 상대에게 고마워하며 솔직하게 긍정하는 것. 밉지 않게 자신감을 보여주면서, 칭찬해준 상대에게 고마움까지 표현하는 것이다. 이때 상대의 칭찬에 고마움이 전혀 느껴지지 않는 "나도 알아"와 같은 말만 하지 말자.

혹여 이러한 칭찬이 그냥 아부성 멘트이면 어떡하냐고? 물론 그럴 수도 있지만, 어쨌든 조금이라도 나의 긍정적인 면을 찾아준 것이니 고맙게 여기면 된다. 과장해서 해준 그 칭찬을 오히려 강하게 긍정해버리면 진짜처럼 느끼게 될 수도 있다. 칭찬에 어설프게 겸양을 떨어 반응하는 것보다 시원한 반응으로 기분 좋은 느낌을 주어 훨씬 더 좋은 인상을 풍기면 된다.

간혹 이런 내 모습을 보고 "뻔뻔하네…"라는 반응을 하는 사람도 있을지 모른다. 하지만 굳이 그런 꼬인 마음까지 일일이 신경 쓸 필요가 있을까. 그들은 내가 보통 사람들처럼 뻔하게 나올 줄 알았는데, 의외로 내가 너무 당당해서 약이 오른 것일 뿐이다. 하지만 그들이 할 수 있는 거라고는 나를 시기 질투하거나, 오히려 주눅이 들어버리는 게 전부다. 그런 속 좁은 사람이 나에게 영향을 끼치면 얼마나 끼칠 수 있겠는가. 비슷한 사람들끼리 모여 뒷담화만 쑥덕이는 게 전부겠지. 따라서 칭찬을 긍정하는 태도로 일관하면, 이런 사람들은 알아서 떨어져나가고 내 주변에는 나를 긍정하는 사람들로만 가득 차게 된다.

나 또한 사람들의 인정과 관심을 먹고 사는 직업을 가진 사람으로서, 이런 마음가짐으로 살아간다. 심지어 〈잘생겨지는 법〉이라는 오만한 주제로 유튜브 영상을 올리기도 했다. 나는 누가 봐도 뛰어난 건 아니지만 적당한 호감형 외모임을 알고, 가끔 나의 외모를 특별히 좋게 봐주시는 분들이 유튜브에 댓글을 달아주는 경우도 있기 때문이다.

누군가는 그런 나를 겸손하지 못하다며 지탄하겠지만, 최소한 그 영상의 조회수가 몇십만 뷰를 기록하고 악플도 딱히 없는 걸 보니, 충분히 자신감을 가지고 살아도 괜찮겠다 싶었다. 오히려 이렇게 솔직하게 표현했기 때문에 좋아해주는 이들이 더 많은 것일 수도 있다.

이렇게 불특정 다수의 사람에게도 당당할 수 있는데, 나에게 직접 칭찬까지 해주는 사람에게 당당하지 못할 이유가 있는가. 나의 좋은 면을 알아주는 상대에게 존중을 담아, 기분 좋게 인정하고 고마움을 표하자.

굳이 약점을 숨기지 말 것

세상 모든 사람은 각자 콤플렉스를 가지고 있다. 누가 봐도 괜찮은 외모를 지닌 연예인, 인플루언서조차 불만족스러운 부분이 있어 계속 성형이나 시술을 하는 것만 봐도 그렇다. 외모만 그런 게 아니라, 다른 것도 모두 마찬가지다.

그래서 콤플렉스에 집착하기 시작하면 끝이 없다. 마치 '잠들어야 돼' 하는 생각으로 잠자리에 들면 그 생각 때문에 잠을 더욱 못 이루는 것처럼, 결국 밤을 꼬박 새우고 다음 날 정신이 몽롱한 것처럼, 필요 이상으로 스스로를 괴롭히게 된다.

그렇다고 마음의 집착을 극복하기 위해 "당신은 있는 그대로 사랑받아 마땅해요"와 같이 현실 도피성 위안에 기대라는 것은 아니다. 애써 콤플렉스가 없는 것처럼 굴어봤자 실제로 그것이 사라지지는 않을 테니까. 요즘 들어 많이 보이는, 누가 봐도 건강관리가 필요한 고도비만인 사람이 "나는 내 몸매에 당당하다", "보편적인 미의 기준을 나에게 적용하지 마라" 따위의 주장을 하는 것과 같달까. 문제를 해결하지 않고, 애써

사랑받는 이기주의자

외면하는 식의 현실 도피성 해결책은 더욱 마음을 곪게 해 애처롭고 초라해지게 만든다.

이렇게 너무 신경을 써도 문제고, 애써 부정하는 것도 문제라면 대체 어떻게 해야 하는 걸까?

콤플렉스를 인정하되, 콤플렉스만 바라보지 말자.

사실 콤플렉스는 완벽하게 극복할 필요가 없다. 약점이 아무리 많아도 장점을 그 이상으로 보여주면 그만이니까. 중요한 건 콤플렉스, 즉 약점을 대하는 나의 태도이다. 그것을 인정하되 1순위로 두지 않는 것이다. 그럼 자연스럽게 나의 약점을 드러내는 것이 부끄러워지지 않게 되고 오히려 편해진다. 나아가 농담으로 승화시키거나 아무렇지 않게 대하는 수준이 되기도 한다.

이 깨달음의 본보기가 되어준 인물이 있으니, 내 절친 A군이다. 그는 겉으로는 평범한 회사원이지만, 다른 사람들이 자기를 좋아하게 만드는 마성의 매력을 지닌 인물이다. 대학교

시절부터 학과 내 가장 인기 많은 여학생의 짝사랑 상대였고, 그와 만나는 대부분의 사람은 A를 정말 좋아했다. 놀랍게도 그 친구와 나는 공통점이 한 가지 있는데, 바로 스무 살 때부터 탈모가 시작되었다는 점이다. 그 친구와 한창 놀던 당시 나는 남들보다 적은 머리숱에 스트레스성 탈모까지 겹쳐 자존감이 무척 낮은 상태로 살았다. 심지어 남들과 계단을 내려갈 때, 누군가 나의 정수리를 볼까 봐 항상 맨 마지막에 내려갔을 정도. 하지만 나와 같은 탈모를 겪는 A는 달랐다. 어느 날 그가 툭 내뱉은 말이 나에게는 신선한 충격이었다.

"나 요즘 머리 엄청 빠져.
아마 내가 우리 나이대에서 독보적일걸?"
"내 패션의 완성은 모자야. 담배보다 중요한 친구지."

이 말이 왜 이렇게 충격적으로 느껴졌냐면, 그의 말투가 너무 당당했기 때문이다. "나 어제 늦잠 잤어"라는 말로 바꿔도 이상하지 않을 만큼 일상적인 말투. 심지어 말할 때 입가에 미소까지 머금고 있었다.

안 그래도 한창 머리숱에 민감했던 나는 '저렇게 아무렇지

　　　　　　　　　　사랑받는 이기주의자

않게 말하는 걸 보니, 나보다 탈모가 심하지는 않나 보네'라고 생각했다. 그러던 어느 날 우연히 자취방에서 모자를 벗은 그의 앞머리를 보고 나는 경악하고 말았다. 고작 한 달 사이에 눈에 띌 정도로 머리가 휑했던 것. 'M' 자 모양이 아니라 원숭이 이마처럼 '3' 자가 보일 정도였으니 말이다. 한창 외모에 신경 쓸 나이이고, 특히 멋 부리기 좋아했던 그 친구가 나와는 다르게 너무 당당했던 모습. 나는 그것이 사람들이 그를 좋아하는 이유라는 걸 깨달았다. 15년 넘게 그 '진정한 당당함'을 지켜보았기에 나는 이렇게 이야기할 수 있다.

아무리 치명적인 약점을 지녀도,
그것을 편하고 당당하게 인정하는 모습을 보이면
비로소 다른 장점들이 빛을 발한다.

그 이후 나는 살이 많이 쪘을 때조차(거의 100kg), 누구 앞에서든 "아직 덜 긁은 복권 상태에서 널 만났네" 하며 유쾌하게 굴 정도가 되었다. 거기에 방송에 출연하는 자신감까지 보였다. 그러면서 사람들은 내 약점을 약점으로만 보지 않고, 이런 내 태도에 영향을 받는다는 경험을 수도 없이 하게 되었다.

다이어트 후에도, 뚱뚱했던 과거 모습을 보고 "그런 나를 사랑해주었던 전 여친들에게 새삼 고맙다"고 자학하자, 누군가 이렇게 얘기한 적도 있다.

"그때도 나름 귀여운 맛이 있었지~"

결국 내가 어떻게 하느냐에 따라서, 사람들은 꽤나 관대해질 수 있다는 걸 기억하길 바란다. 피할 수 없는 걸 즐기는 수준까진 못 되더라도, 당장 극복할 수 없는 약점에 사로잡히지는 말도록 하자.

그렇다고 상처를 앞세우지 말 것

상대가 묻지도 않았는데 처음부터 "이런 나라도 괜찮겠니?"라며 상처를 토로하고 싶어질 때가 있다. 전 연인에게 배신당한 이야기, 불우했던 가정사, 직장에서 겪는 고충, 친구에게 이용당한 기억 등. 물론 나 역시 수많은 콤플렉스와 트라우마를 지닌 한 인간으로, 그 마음은 충분히 이해한다. 절대 잊지 못하는 짙은 힘든 기억을 눈앞에 있는 사람이 알아줬으면 좋겠다는 마음. 그 상대만큼은 나에게 상처를 줄 사람이 아니라는 확신을 얻고 싶어서일 것이다. 좋게 말하면 고해성사, 안 좋게 말하면 떠보는 마음이다.

하지만 분명히 말하건대, 제발 그러지 말기를 바란다. 진정 상대가 나의 아픔을 알아주길 바란다면 절대 나의 상처를 '강조'해서는 안 된다.

향기를 풍기면 나비가 모이고,
냄새를 뿜으면 파리가 꼬인다.

보통 긍정적인 관계를 맺을 수 있는 사람은 기본적으로 '불행하지 않기 위해서'가 아니라 '행복하고 싶어서' 나를 만나는 것이다. 꽃가루와 꿀을 찾아 다가오는 나비 같은 사람들은 내가 '향기로운 사람'이길 원한다는 말이다. 이들에게 좋은 모습만 보여줘도 부족한데, 처음부터 내 부정적인 면을 강조하면 어떻게 될까. 게다가 아직 친밀감이 제대로 자리 잡지도 않은 상태라면. 나의 어두운 이야기를 할수록 역효과가 날 수밖에

없다. 그렇게 나를 떠나게 되고 마는 것이다. 그리고 그 빈자리
는 상처의 끈적함만 노리는 파리 같은 사람들이 차지하겠지.

친밀하지 않은 사이지만 나의 상처에 공감하며 "많이 힘들
었겠다"라고 말하는 사람이 있다면? 두 부류로 나뉜다. 예의
상 그렇게 말하지만 결국 떠나갈 사람, 아니면 상처를 감싸주
는 척 나를 멋대로 주무르려는 사람. 어느 쪽이 되었든 결국
상처는 나의 몫이다.

> "남의 상처를 보고 그걸 이용하려는 사람들이
> 잘못된 거 아닌가?"

반은 맞고 반은 틀린 말이다. 세상에는 다양한 사람이 존재
한다는 건 당신도 안다. 나쁜 의도를 가진 사람이 존재하는 것
도 자연스러운 일이다. 그런데 하필 그 사람이 '나에게 다가오
는 것'은 나의 잘못도 있는 것이다. 내가 그들에게 그럴 만한
여지를 주었을 가능성도 있으니까. 게다가 세상에는 '나쁜 사
람'이 선명하게 구분되지 않는다. 대부분 절대악이 아니라 상
대악이다. 요즘 흔히 이야기하는 사바사(사람 by 사람)의 개념

사랑받는 이기주의자

으로 접근한다면, 사람마다 '나쁘다'라는 기준 또한 다르다. 그러니 나쁜 의도 자체가 존재하는 것에 분노하지는 말자. 애초에 그런 사람이 나의 곁에 올 수 없도록 방지하고, 혹여 그런 사람이 오더라도 나쁜 의도를 구분하는 능력을 키워야 한다.

'나의 상처까지 사랑해주지 않는 사람을
더 만날 필요는 없잖아.'

처음 만나거나 몇 번 만나지 않은 사이에서 이런 생각은 위험하다. 애초에 모든 관계는 '남'에서 시작하는 것이 아닌가. 상대와 많은 시간을 보내고 충분히 친해져야만 진심이 담긴 공감과 위로를 받을 수 있는 법이다. 마음이 건강한 사람은 가깝지 않은 사람의 상처에는 크게 관심을 갖지 않다가, 나중에 정말로 가까워졌을 때 그 상처에 진심으로 공감하기 시작한다. 공감과 위로는 사람의 마음을 충분히 깊게 들여다볼 때 비로소 나오는 거니까. 그러니 당장 어설픈 연민이나 위선적인 공감이 절실한 상황이 아니라면, 얕은 관계에서 상처를 꺼내는 일은 없어야 한다.

사람은 본디 자기 자신이 제일 중요하다. 나쁘게 말하면 자기밖에 모르는 거지만, 좋게 이야기하면 각자 독립적인 존재라는 것이다. 그런 존재들이 서로 교집합을 이루는 것이 인간관계 아닌가. 그냥 내 모든 걸 이해해줄 사람은 이 세상에 존재하지 않는다고 생각하는 게 편하다. 나도 타인의 모든 것을 이해하지 못하는 것처럼.

대신 서로의 교집합 속에서 충분한 이해를 바탕으로 관계를 유지하는 것이다. 그렇게 진정으로 가까워지는 누군가에게만큼은 "사실은 말이야…" 하며 조심스레 상처를 털어놓을 날이 올 것이다. 그럼 내 삶의 소중한 소울메이트가 생기게 될지도 모른다.

당신은 어떤 유형일까

당신이 자존감이 낮다면 누군가와 관계를 맺을 때 불리한 게 사실이다. 상대 앞에서 위축되어 온전한 나를 제대로 보여주지 못할 테니까. 하지만 자존감이 낮은 사람이 모두 사랑받지 못하는 건 아니다. 예외적으로 사랑받는 사람은 분명히 존재하니까. 그들의 공통점을 살펴보면 세 가지로 나뉜다.

1. 에스프레소 : 씁쓸하지만 깊은 풍미

자존감이 낮은 사람은 사랑을 받지 못한 나머지, 그에 대한 설움을 티 내지 못해 안달하는 경우가 많다.

"나 우울해."
"나 힘들어."
"나는 이 정도밖에 안 돼."

이런 말을 하는 속마음은 다음과 같다.

"나한테 기대했다가 실망하는 건 너무 싫어."
"그러니까 애초에 내가 이런 사람인 걸 알고 있어."

뒤늦게 나의 자존감이 낮다는 걸 알아챘을 때, 상대가 실망하는 모습을 보고 상처받았을까 봐 미리 방어를 하는 것이다. 그런데 기대했다가 실망하는 거나, 처음부터 실망하는 거나 매한가지이지 않은가. 어쨌든 '싫어지게 된다'라는 결과는 똑같은데 말이다. 매도 먼저 맞는 게 낫다고 하지만, 먼저 맞는다고 상처가 덜 아픈 건 아니다. 그러니 굳이 내가 자존감이 낮은 사람임을 자진해서 먼저 티를 낼 필요는 없다.

재밌는 건, 내가 아무리 자존감이 낮더라도 그걸 대놓고 드러내지만 않으면 사람들은 평소에 내 자존감을 딱히 신경 쓰지 않는다는 사실. 생각보다 사람들은 남에게 깊은 관심이 없으니까. 우리도 마찬가지 아닌가. 친구 얼굴이 트러블로 뒤집힌 것보다, 내 얼굴에 난 뾰루지 하나가 더 신경이 쓰이는 게 사람의 마음이다. 자기 자신이 제일 중요한 것에 예외가 있을 리가 없지 않나.

그러니 아무리 내 낮은 자존감을 알아챌까 신경 쓰이더라도, 그걸 드러내는 빈도를 조절해야 한다. 평소에는 그냥 과묵하게, 무난하게 지내다가 한 번씩 어쩔 수 없이 내 자존감을 드러내야 할 때가 오면, 굳이 숨기지 않는 식으로. 그럼 그 모습을 본 사람들은 이렇게 생각할 것이다.

'의외로 이런 약한 모습이 있구나.'

마치 향긋한 커피 향을 품었지만, 쓸쓸한 뒷맛이 올라오는 에스프레소처럼. 나의 낮은 자존감 또한 다른 종류의 '맛'으로 느껴지는 것이다. 그리고 그 쓸쓸한 맛조차 좋아해주는 사람 또한 분명히 나타난다.

2. 아메리카노 : 사연 있어 보이는 은은한 향

물론 낮은 자존감에서 나오는 특유의 쓸쓸한 맛을 좋아하는 사람보다, 부정적으로 생각하는 사람이 더 많을 수밖에 없다. 그러니, 에스프레소에 물을 타서 아메리카노로 만드는 것처럼 낮은 자존감을 희석해보는 것도 좋다. 낮은 자존감에 보편적으로 공감할 만한 '사연'을 입혀보는 식으로. 쉽게 말해 스토리텔링Storytelling이 더해지면, 자연스럽게 나를 이해하고 공감할 수 있게 되는 것이다.

이 방법을 잘 활용하는 친구 B가 있다. B는 가정사가 복잡하고, 공황장애에 걸릴 정도로 사람들에게 크게 상처받은 적도 있다. 스스로도 자존감이 낮다고 이야기하지만, 아이러니

하게도 주변에 친구가 끊이지 않았다. 그 이유가 무엇일까 살펴보니, 그런 자신의 이야기를 '스토리텔링'하며 사연으로 잘 포장하더라. 평소에는 특별할 것 없이 조용하지만, 가끔 아무렇지 않게 툭 던지는 말 속에 한 편의 드라마가 있는 것처럼.

"중고등학생 때 왕따당한 사람은 봤어도
대학생 때 왕따당한 사람은 없을걸?"
"여기 이혼한 우리 아빠 집 근처야."
"나도 겪어봤어. 연예인들이 많이 걸린다는
그 공황장애."

어느 날 B가 스쳐 지나가듯 말하길 "나처럼 사연 많은 애도 잘 없지", "얘기하면 다 놀라긴 하더라. 그리고 더 친절해져(웃음)"라고 하더라. 자기도 알면서 일부러 하는 거였다. 단순히 안 좋은 과거 이야기만 꺼내는 게 아니라, 나름 '공감하고 싶은 포인트'를 더해주는 거라 할 수 있다.

3. 라떼 : 부드럽게 감싸주는 맛
물론 아메리카노조차 쓴맛이 난다고 싫어하는 사람도 있

다. 그렇다면 이번에는 아예 부드러운 우유로 희석해보자. '이 사람은 결국 행복해질 사람'이라는 희망을 넣어주는 것이다. 그럼 특유의 쌉쌀함은 덮어지고, 부드러운 뒷맛만 음미할 수 있다. 이 방법은 마법의 단어 세 개만 기억하면 된다. '그렇지만, 나는, 지금.'

"그렇지만 나는 지금, 좋은 사람이 되고 싶어."
"그렇지만 나는 지금, 이걸 극복하려고
열심히 노력 중이야."
"그렇지만 나는 지금, 그걸 티 내지 않으려고
무척 애쓰고 있어."

이렇게 현재의 나를 담담하게 받아들이고, 극복하기 위해 조금씩 노력하고, 더 좋아질 미래를 기대하며 산다는 것을 보여주면 되는 것이다. 마치 쌉쌀한 표정에서 보이는 희미한 미소처럼, 커피 안에 부드럽게 어우러진 우유처럼, 쌉쌀한 맛이 중화된 라떼와 같은 모습이다. 이런 모습을 보이게 되면, 상대는 나를 무시하거나 나를 이용해 가스라이팅할 생각이 들지 않게 된다. 오히려 진정한 친구가 되어주고 싶어 할지도 모르고.

관계의 공식

: 나를 매력적으로 보이게 하는 방법

상대에게 잘 보이고 싶은 욕망은 누구에게나 있다. 노력에 따라 나의 매력도는 당연히 올라간다. 매력을 이끌어내는 세 가지 공식을 소개한다.

칭찬에 긍정적으로 반응하자
상대의 칭찬에 고마움을 표하자. 어설픈 겸양보다 시원한 반응으로 기분 좋은 느낌을 주는 것이 더 좋은 인상을 남긴다.

약점을 숨기지 말자
약점은 부끄러운 것이 아니다. 당당한 모습으로 나의 약점을 인정하면, 다른 사람도 나의 약점을 받아들이는 태도가 달라진다.

자존심보다 '자존감'을 챙기자
다른 사람의 반응에 일희일비하지 않는, 마음이 단단한 사람이라는 분위기를 풍기자. 자신의 기준을 지키는 사람이 가장 매력적이다.

볼수록 매력적인,
알수록 끌리는

●

매력이 곧 무기가 되는 사람

사람 관계는 '친해지긴 쉬워도, 잘 유지하긴 어렵다'는 말이 있다. 당연히 맞는 말이다. 만난 지 얼마 되지 않았을 때는 서로 호기심이 생기고, 새롭게 보여줄 모습이 많다 보니 서로가 충분히 흥미롭다. 하지만 보면 볼수록 흥미가 떨어지고, 얘기하면 얘기할수록 이야기 소재가 고갈되고, 만나면 만날수록 서로의 단점을 발견하게 된다. 그래서 정말 잘 맞는 사이가 아니라면, 대부분 깊은 관계로 발전하기가 어렵다.

그런데 간혹, 돌연변이가 있다. 소위 '볼매(볼수록 매력적인)'

라고 불리는 이들이다. 누구든 금방 가까워지는 붙임성은 물론이거니와 함께 지내는 시간이 길어질수록 점점 헤어나올 수 없는 마성의 매력을 지닌 사람. 부럽게도 이들 주위에는 항상 사람들이 넘쳐나고, 너도나도 그의 조력자를 자처한다. 심지어 그중에는 능력이 딱히 뛰어나지 않은데, 친화력 하나만으로 온갖 멋진 사람들과 어울리는 경우도 있다. 그 정도면 매력 자체를 재주로 승화시킨 게 아닐까 싶을 정도.

나의 세상에 온 걸 환영해

유명한 웹소설이자 인기 웹툰인 〈전지적 독자 시점〉에서는 등장인물이 얼마나 장대하고 멋진 자기만의 세계, 즉 스토리를 가지고 있느냐에 따라 '힘의 크기'가 결정된다. 평범한 사람보다는 이순신 장군의 스토리가 더 힘이 강하고, 이순신 장군의 이야기보다 그리스 로마 신화가 스케일이 크니까 더 강한 힘을 갖게 되는 식이다. 그 힘을 우리의 상황에 대입해보면, 내가 얼마나 '기억할 만한 스토리'를 보여주느냐에 따라 나의 매력魅力(사람을 끌어들이는 힘)이 결정되는 것이다.

사랑받는 이기주의자

◈ 상대가 매력을 느낄 만한 스토리

자신과 닮은 점이 있는 모습.

멋진 라이프스타일을 살아가는 모습.

고난을 이겨내고 어떤 것을 성취한 모습.

남들이 하지 못한 특별한 경험을 한 모습.

어딘가에서 오래 활동한 경력이 있는 모습.

누군가에게 확실하게 인정받는 모습.

이런 스토리가 없다면 나는 상대에게 단순한 친구, 후배, 지인 정도로 끝날지 모른다. 하지만 이러한 이야기가 더해지면 나에게 '괜찮은 사람'이라는 이미지가 생길 수 있다. 나아가 둘 사이에 '어떤 스토리가 더해지느냐'도 중요하다. 서로 공감대가 형성되면서 나를 괜찮은 사람에서 '특별한 사람'으로 여기게 될 테니까.

◈ 서로 공감대를 형성할 수 있는 스토리

좋은 곳에서, 즐거운 시간을 보내는 경험.

서로의 비밀을 알게 된 경험.

공통된 목표를 향해 같이 나아가는 경험.

어려운 일을 도와주는 경험.

타이밍이 잘 맞아, 한동안 자주 만났던 경험.

특이한 상황을 함께 겪었던 경험.

두 사람이 가까워지는 것도, 특별한 사이가 되는 것도 모두 이런 스토리가 쌓이면서 관계가 형성되기 때문이다. 어떤 연예인을 보았을 때 처음에는 외모를 보고 흥미를 느끼지만, 그 사람이 출연한 작품을 찾아보고, 개인사를 알아가면서 점차 팬이 되어가는 것과 같은 맥락이다. 그 사람은 나를 전혀 모르지만, 그 사람의 스토리를 파고들면서 나 혼자 내적 친밀감이 생기게 되는 것이다. 실존하지 않는 캐릭터, 소설 속 등장인물에 감정이입을 하는 것도 이와 마찬가지이고.

나는 이것을 '세계관이 형성된다'라고 표현한다. 내가 가진 스토리가 다양할수록, 함께 경험한 스토리가 많을수록 탄탄한 세계관이 구축되고, 그 속도가 빠를수록 더 빨리 서로 가까워지는 것이다. 그러면 그 사람이 내가 원했던 사람이 아닐지라도 결국 나에게 빠져들게 된다.

이런 경험을 해본 적 있을 거다. 친구가 갑자기 "이거 되게 재밌어"라고 하면 그게 그렇게 재밌어 보이지 않아도 괜히 재밌게 느껴지고, "이 사람 되게 예뻐"라고 말하면 그 전에 예쁘다 생각한 적 없어도 왠지 예쁜 구석을 찾게 되고, "쟤는 진짜 옷 입는 센스가 있다니까" 하는 얘기를 들으면 내가 볼 땐 무난한 것처럼 보여도 뭔가 패셔너블한 느낌을 받는 것. 이런 식으로 누군가가 설레발을 치고 호들갑을 떨면, 왠지 그게 맞는 듯한 기분이 들게 된다. 그게 팩트이건 과장이건 간에.

앞서 말한 세계관을 이렇게 주입해보자. 별것 아닌 장점도 특별하게 돋보이게 만들고, 별것 아닌 행동에도 크게 반응하고, 별것 아닌 상황에도 한껏 의미부여 해보자.

◈ 모든 것이 특별한 스토리로 느껴지게 이야기하자
"나 젓가락질 참 잘해. 나중에 자식교육도 정말 잘할 듯."
"난 그림을 잘 그리는 건 아닌데, 특징을 잘 살려서 그리는 편이야."

"마사지 자격증은 없는데, 나한테 마사지 받은 친구들은 다 돈 줘야 하는 거 아니냐고 하더라."

"다들 나보고 '황금비율 장인'이래. 음식의 간도 잘 맞추고, 커피 농도 조절도 잘하고, 샤워기 물 온도까지 잘 맞춘다고."

"나는 콧구멍이 하트 모양이야. 그래서 모두에게 사랑을 나눠 줄 수 있어."

이와 같이 흔하디흔한 장점도 남다르게 말하면 왠지 모르게 특별하게 느껴진다. 이건 상황에도 적용할 수 있는데, 뻔한 공통점이나 정반대인 점까지 마치 인연인 양 이야기하는 것이다.

◈ 뻔한 공통점으로 인연인 것처럼 말해보자

"나도 오늘 순두부 먹었는데! 어떻게 먹는 게 계속 겹치지?"

"너도 거기 갔다 왔어? 우리 같은 곳에 있었네?"

"나도 그거 버킷리스트인데, 다음에 같이 하면 더 좋겠다."

"나도 쉬는 날 집에서 넷플릭스 보는 거 제일 좋아하는데, 요즘 뭐 봐?"

"너도 그 채널 봐? 나도 진짜 많이 봤어!"

◈ 정반대의 상황을 상호보완적으로 포장해보자

"너 둘째야? 나는 어릴 적부터 항상 동생 하나 있었으면 했는데."

"네가 술 못 마셔서 너무 좋아. 내가 다 마셔줄 수 있잖아."

"치킨에서 퍽퍽한 살을 좋아한다고? 나랑 평생 치킨 같이 먹자!"

"너랑 있으면, 평소에 안 해본 걸 할 수 있어서 좋아."

"난 원래 낯가리는 편인데, 네가 적극적으로 다가와주는 타입이라 다행이야."

◈ 상대의 행동에 긍정적인 의미를 부여하자

"정말? 나 이런 거 해주는 사람 네가 처음이야."

"마침 딱 너한테 연락하려고 했는데! 우리 통했네?"

"왜 긴장해? 나랑 같이하니까 좋아서?"

"어떻게 그걸 알았어? 너는 진짜 사람 보는 눈 있다."

"말 참 예쁘게 하네. 설레게."

나는 이것을 '긍정적 설레발'이라고 이야기한다. 이런 긍정적 설레발의 효과가 강력한 이유는 이런 이야기가 점점 쌓일수록 그렇게 생각하지 않았던 부분까지도 '정말 그런가?' 하며 생각하게 되는 마력이 있기 때문이다. 심지어 처음에는 "뭐라는 거야" 하며 냉소적이던 사람조차, "너무 의미부여 하는 거 아니야?"라며 이성적으로 반응하는 사람조차, 점차 '피식' 하며 매력을 느끼게 된다.

> "그런가?"
> → "그런 것 같기도 하고…."
> → "그런 것 같네."
> → "그렇지!"

스크린에서 배우가 연기에 몰입하면 관객은 허구인 줄 뻔히 알면서도 그 상황에 집중하게 되지 않던가. 내가 하는 그 이야기에 나부터 확실하게 몰입해서 이야기하면, 결국 상대는 반응하게 될 수밖에 없다. 그래서 이건 친한 사이가 아니라도 얼마든지 써먹을 수 있다. 우리 주위에도 능글맞게 너스레를 떠는 붙임성 있는 이들은 이미 이러고 다니지 않는가. 결국 '붙임성이 좋다'는 것은 그렇게 나의 이야기를 타인이 거부감 없이 받아들일 만큼, 함께 몰입할 수 있게끔 할 줄 아는 것이다. 심지어 친구나 직장동료에게서조차 말이다.

정직한 이기주의자

사람들은 대부분 '의도가 없는 사람'을 좋아한다. 그 사람의 행동에 어떤 의도가 있어 보이면 거부감을 느끼고, 진실되지 않다고 생각하기 때문이다. 그런데 정말 이 세상에 '의도가 전혀 없는 사람'이 존재할까? 사람의 행동은 모두 비롯되는 '어떤 의도'가 있어야 시작되는데 말이다.

만화 〈명탐정 코난〉을 봐도 범인을 잡을 때, 살해 동기가 없으면 자연스럽게 용의선상에서 제외되곤 하잖아. 결국 누군가를 만날 때도 어떤 걸 원하는 마음, 즉 욕구·욕망·욕심이 있는 게 당연하다. 거기에 충실하다 보면 때로는 이기적으로 보일 수 있고, 때로는 의도치 않게 상처를 줄 수도 있다.

그런데 착한 사람 콤플렉스에 빠진 사람들은 '나는 욕심이 없다', '아무런 의도가 없다'라는 걸 강박적으로 보여주려 한다. 그래서 너무 소극적으로, 가장 안전한 행동만 하려는 경향이 짙다. 하지만 그러면 '좋은 사람'이 되는 게 아니라 '아무것도 아닌 무색무취한 사람'이 될 뿐이다. 괜히 착한 사람이 '호구'가 된다는 사회적인 시선이 존재하는 게 아니다. 이런 사람들은 상대에게 욕심 없고 착한 모습으로 보이고 싶어서 이런 말을 많이 한다.

◈ **나에게 뭘 원하는지 물을 때**

"나는 다 좋아."

◈ **내가 편하게 선택해도 되는 상황에서**

"너 하고 싶은 대로 해."

◈ **상대가 나를 전혀 배려하지 않는 행동을 하는데**

"음… 괜찮아."

◈ **내가 확실하게 손해를 보고 있어도**

"그래, 어쩔 수 없지 뭐….."

반드시 기억해야 할 것은 사람들은 내 생각보다 훨씬 관대하다는 사실. 상대가 나에게 악감정을 가질 정도로 무리한 요구를 하지 않는 이상, 내가 원하는 걸 그대로 받아들이는 경우가 많다는 것이다. "나 오늘 느끼한 것보다 매운 걸 먹고 싶어"라고 말하면, 원래 느끼한 음식을 먹고 싶던 사람도 "그럼 오늘은 매운 음식을 먹자"고 흔쾌히 받아들일 때가 많다. "나 오늘 기분이 너무 안 좋은데, 강남에서 말고 한강에서 봐도 될까?"라고 묻는다면, "무슨 일 있어? 한강도 좋아. 거기서 만나"라며 쉽게 수긍할 수 있다. 생각보다 사람들은 상대 의견에 하나하나 심각하게 따지면서 반대하지는 않기 때문이다. 적어도 익명성에 숨은 온라인이 아니라, 서로 대면을 해야 하는 현실 관계에선 그렇다. 그렇게 맞춰준다고 크게 손해 보지 않고, 이왕이면 함께 좋은 시간을 보내는 게 더 중요하기 때문이다. 그러니 오히려 솔직하게 자기의 상황과 감정을 전달해야 서로 더 존중하는 관계가 될 수 있다.

물론 그런 나의 의사표현을 하나하나 지적하거나 거슬려하면서 나를 이기적으로 바라보는 삐뚤어진 사람도 존재하기 마련이다. 그런데 어쩌란 말이냐. 그들은 내가 맞춰주면 호구, 내 뜻대로 하면 이기적으로 바라보는 '진짜 나쁜 사람'일 뿐이다. 그런 사람 눈치를 왜 봐야 하나? 애초에 곁에 두지도 말아야 할 사람인데.

그래서 누구를 만나든 간에 적당히 안전한 선택을 하는 건 최악이다. 오히려 앞뒤 가리지 않고, 욕망에 충실한 선택을 하는 게 지나고 보면 최선일 때가 많다. 어차피 모든 사람을 만족시킬 수는 없으며, 그런 불가능에 도전하는 건 불필요한 에너지 낭비일 뿐이다. 상대가 받아들이든 말든 그저 솔직한 나를 보여주며 진솔한 관계를 기대하는 것이 최선일 따름이다.

나는 불특정 다수를 상대하는 유튜브에서도 이와 같은 상황을 똑같이 적용한다. 어느 정도 수위를 조절하긴 하지만, 결국 숨김없는 내 생각, 내 모습을 드러낸다. 연애, 감정, 친구관계 등의 다양한 주제에서 "내 말이 틀릴 수도 있다" 하며 한발 물러나지 않고 "이게 맞다"라며 단호하게 말하는 편이다. 그러면 이런 나의 솔직한 이야기를 듣는 사람들이 나를 나쁜 사람, 불량한 사람으로 볼까? 그랬으면 아마 나는 이 책을 쓸 만한 인지도도 얻지 못했을 거다. 그런 내 당당한 모습에 오히려 사람들이 '이 사람 뭐지? 들어나 보자' 하는 마음이 더 컸으니 여태껏 별 탈 없이 잘 해오는 것이다. 댓글과 조회수만 봐도 거기에 매력을 느끼는 사람이 더 많다는 것이 증명되었고.

'이거 너무 내 맘대로 하는 거 아닌가?'
'너무 이기적인 것 같은데….'
'나를 나쁜 사람으로 보면 어쩌지?'

오히려 억지로 착한 사람이 되려 하는 사람들의 기준에서, 이 정도로 느껴지는 행동을 하는 게 적정선인 경우가 더 많다. 그들이 너무 엄격한 기준으로 살았다 보니, 스스로 생각해온 선을 넘는다 해도 별 탈 없는 것이다. 반대로 상대가 매력을 느끼면 느꼈지.

무턱대고 "나는 좋은 사람인데 왜 몰라주지?", "잘 해줘봤자 소용이 없네"라고 백날 하소연을 해봤자, 그 누구도 알아주지 않는다. 실제로 남는 것도 없다. 아무것도 아니게 행동하면 아무것도 아닌 게 되니까. 차라리 나의 욕구와 욕망을 인지하고, 좀 욕심처럼 보이더라도 '자신이 원하는 것에 정직한' 이기주의자가 되어야 더욱 사랑받을 수 있다. 그러니까 너무 조심스럽게 우물쭈물 살지 말자. 강박을 내려놓고, 그냥 당신 마음대로 하시라.

대화 스킬 킥

: 내가 존중받을 수 있는 대화 방식

마음의 근육이 단단한 사람은 타인이 함부로 대하지 못한다. 이들의 특징은 갈등이 생기더라도 대놓고 확실하게 자신의 의견을 표현한다. 누구를 만나든 상대와 내가 원하는 게 항상 일치할 수 없고 서로 입장 차이가 있기 때문에 부딪칠 때는 확실하게 부딪치고, 자신의 목소리를 낼 줄 알아야 한다. 내가 원하는 것, 원치 않는 것을 이야기할 때 단순히 '고집'이 아니라 '주관'으로 보이게 하려면 표현법을 바꾸면 된다.

사람들은 보통 내 이야기를 '절대적인 가치'처럼 얘기한다.

절대적인 표현

"이건 당연히 이래야지." "그건 진짜 아니지." "사람이 어떻게 그래."
이와 같은 대화는 자신의 주관만이 절대적이고 다른 사람의 입장은 다 부정하는 것처럼 보인다. 따라서 나의 주관을 '상대적인 가치'로 이야기해야 한다.

상대적인 표현

"다른 사람들은 이게 별로라고 할지 모르겠는데, 나는 이렇게 살아와서 그런지 이게 더 좋아." "이게 호불호가 참 많이 갈리는데, 나는 불호야." "그런 사람도 많겠지만, 나 같은 사람도 많은걸?"

타인의 보편적인 의견에 나의 입장을 추가하는 것이다. '내 생각이 다른 사람들과 다르다는 건 충분히 알고 있어. 하지만 내 입장은 이래'와 같이 심사숙고한 객관적인 이미지를 보여주기에 좋다.

사람을 대하는 건 마치 '수영'과 같다.
힘을 잔뜩 주면 가라앉고,
편하게 몸을 맡기면 자연스레 떠오르더라.

2 사랑받는 이기주의자

그 사람의
진짜 모습 알아내기

기대를 버리면 진실이 드러난다

게임을 한 번이라도 해본 사람은 알겠지만, 게임에는 생명력 또는 체력을 뜻하는 수치인 HP[Health Point]와 스킬과 마법을 쓰는 데 사용하는 MP[Magic Point] 수치가 있다. 사실 이건 현실에도 존재한다. 사람의 체력과 생명력[HP]도 게임처럼 한계치가 있다. 아무리 뛰어난 운동선수나 엄청난 육체적 훈련을 받은 사람이라도 보통 사람보다 체력이 훨씬 좋을 뿐이지, 결국 바닥이 드러난다.

　마찬가지로 사람의 정신력[MP]에도 한계치가 존재하는 법.

무언가를 결정하거나 행동할 때 일정 부분 정신력이 소모된다. 그러다 한계치에 다다르면 머리가 아프고, 멍해지는 현상이 나타나고(게임에서는 '스턴 상태'), 당 충전을 원하기도 하는 것이다(게임에서는 '회복 아이템'). 결국 정신력도 체력처럼 '뇌'라는 신체 기관에서 비롯되기 때문이다.

세상에 완벽한 사람이 존재할 수 없는 이유도 이 때문이라할 수 있다. 2시간 동안 마라톤을 끝내고, 헬스장에 가서 2시간을 내리 운동하고, 하루에 딱 한 끼만 닭가슴살 샐러드를 먹은 후에 집에 와서 요가까지 더 하는 사람이 존재할 리 없지 않은가. 마찬가지로 외모 관리를 잘하고, 돈도 잘 벌고, 모든 사람에게 친절하고, 진취적이면서, 사생활도 깨끗하고, 건강한 음식만 먹으며, 일까지 잘하는 사람이 있을 리가 없다.

하지만 사람들은 이 사실을 쉽게 간과한다. 누군가가 '어떤 좋은 모습'을 보여주면 거기에 취해 '다른 부분도 좋을 것'이라 넘겨짚는다. 게다가 자기 실속도 챙기면서 이타적이기까지 한 모습을 '당연하게' 생각한다. 자기도 하기 어려운 걸 상대에게는 당연한 듯 기대하는 것이다. 어떤 이들은 "정신력으로 버티면 되지", "마음먹기에 달렸다"라며 타인에게 무리한 잣대를 들이대기도 한다. 단언컨대 그 모든 걸 완벽히 해낼 수 있는 사람은 이 세상에 존재하지도, 존재할 수도 없음에도. 단지 거기에 가까워지려는 사람과 그런 척하는 사람만 있을 뿐이다.

결국 상대의 '진면목'을 제대로 보기 위해서는, 그 사람에게 완벽함을 기대하지 않는 것부터 시작해야 한다. 일방적으로 내가 보고 싶은 모습을 기대하고, 멋대로 의미를 부여하지 않아야 한다. 그저 냉철하게 '보여주는 것'만으로 사람을 판단해야 한다. 누구를 만나든, 그의 진실된 모습을 보고 싶다면, 반드시 그렇게 해야만 한다.

정신을 어디에다 팔고 있을까

먼저 그 사람이 어디에 정신을 쏟는지, 어떻게 충전하는지 살펴보아야 한다. 그러면 그 사람에게 진정으로 중요한 것이 무엇인지, 어떤 것을 위해 사는지, 인생의 중요한 목표가 무엇인지 알 수 있다.

이때 '겉모습만' 이타적인 사람을 조심해야 한다. 예를 들어 "널 위해서라면 무엇이든 해줄 수 있어"라고 하면서 헌신과 희생정신을 어필하는 사람은 그런 이타적인 컨셉을 잡는 데 정신력을 주로 사용한다고 볼 수 있다. 그러다 보니 컨셉에 필요한 정도의 이타적인 행동은 하지만, 실질적으로 상대의 입장을 세심하게 고려하는 데는 정신력을 많이 사용하지 않는다. 그래서 그 사람을 알면 알수록, 가까워지면 가까워질수록 '이 사람은 생각보다 이타적이지 않네' 하며 실망하게 될 수도 있다. 보통 결정적인 순간에 자기가 한 말을 온전히 지키지 못하거나, 이미 지금도 지키지 않고 있을 가능성이 높으니까. 혹은 그런 과도한 정신력 낭비를 보충하기 위해 뒤에서 시키면 '감정 쓰레기'만 잔뜩 쌓아놓을 수도 있다.

그래서 자기보다 무조건 남을 우선시하는 것처럼 보이는 사람, 선한 영향력을 지나치게 강조하는 사람, 대외적으로 너무 완벽해 보이는 사람을 경계해야 한다. 가장 실속 없는 사람일 테니까. 위인전에 나올 정도로 명망 높은 사회운동가 한 명도, 어린아이와 알몸으로 침대에서 함께 자는 기괴한 취향을 가졌다는 유명한 일화가 있다. 평생을 봉사하며 살았다고 널

리 알려진 성직자도, 돌보던 환자들을 최악의 간병 환경에서 고통받게 했다는 사실이 밝혀지기도 했다. 심지어 악덕 정치인의 돈을 받고 이미지 세탁을 해줬다는 사실까지 있었다고. 이 정도 스케일까지는 아니더라도 우리 주위에서 또한 이런 이중성을 쉽게 접할 수 있다. 마치 밖에서는 서글서글하지만, 집에 들어오면 가족들에게 쉽게 짜증 내고, 상처를 주는 사람들처럼. 마냥 사람 좋아 보이던 사람이 알고 보면 그렇지 않은 경우가 수없이 많다. '종로에서 뺨 맞고 한강에서 눈 흘긴다'라는 속담이 괜히 있는 게 아니다.

기본 욕구를 어떻게 해소하고 관리하느냐도 정신력에 관한 중요한 이슈이다. 기본 욕구를 제대로 해소하지 않으면, 욕구 불만으로 정신력이 저하되거나 자기중심을 지키지 못하기 때문이다. 특히 터부시되는 성욕이 대표적인 경우인데, 성욕은 식욕이나 수면욕같이 사람들이 존중해주지 않는 편이라 그렇다. 그래서 그런지 나름 건실해 보이기 위해 성욕을 지나치게 절제하다가, 잘못된 방향으로 삐뚤어진 사람이 더러 있다. 자칫 히스테릭한 성격으로 변하기도 하고, 이상 성욕이 생기기도 하는 것이다. 좋은 이미지를 가진 유명인이 알고 보니 바람을 피운다거나, 위험한 것에 중독되어 자기를 망치는 뉴스를 심심찮게 볼 수 있는 이유다. 너무 깨끗한 이미지가 그 사람의 정신력을 갉아먹고, 더욱 음지로 내몰게 되는 것이다.

보통 사회적으로 성욕을 해소하는 것을 문란하다고 표현하는데, 오히려 주기적으로 성욕을 해소하는 사람이 내면적으로 건강한 경우가 많다. 혼자 스스로 해결하는 방도를 찾거나, 꾸준히 썸 타고 연애를 하는 식으로 말이다. 따라서 지나치게 건전하게만 보이는 것보다는, 조금 가벼워 보여도 계속 누군가에게 플러팅을 하고 대시하는 사람이 낫다고 볼 수 있다. 그 모습을 무작정 나쁘게 보지 말고, 이 사람은 '건강하게 욕구를 해소하고 싶은 것'이라며 좋게 봐줘야 하는 것이다. 오히려 인간적이라 할 수 있다. 물론 그런 모습'만' 있다면 분명 문제이지만, 그런 모습'도' 있는 것은 지극히 정상이니까 말이다. 인간이 가진 지극히 당연한 욕구를 숨기고 부끄러워하지 않아도 되는 이유이다.

또 다른 예로, 평소에 자기 할 일을 잘하는 사람이 가끔 지나치게 나태한 모습을 보일 때가 있다. 혹은 자기밖에 모르는 이기적인 모습을 보일 때도 있을 것이다. 이때, 그 사람에게 너무 실망하지 않았으면 한다. 이 사람에게는 그것이 할 일을 잘하기 위해 에너지를 충전하는 방식인 것이다. 페이스북 (현 메타) 창업자인 마크 저커버그도 필요 없는 일에 에너지를 쏟지 않는다. 그래서 옷도 매일같이 회색 티셔츠만 입고, 책상 정리를 하지 않는다고 한다. 그는 한때 동업자와 소송을 할 만큼 사업적으로 이기적인 선택을 하기도 했다. 동업자의 이득을 챙겨주는 것보다는 사업을 더 키우는 데 정신력을 집중했기 때문이다. 사소한 일에 신경 쓰지 않고 더 큰일에 몰두하는 이런 모습들이 쌓여 지금 우리가 아는 마크 저커버그가 된 것이다. 이런 사람을 보고 생각보다 허점이 많다며 비난할 게 아니라, 결핍된 부분을 내가 채워주면서 상부상조하는 게 더 낫지 않겠는가.

이와 반대로 모든 것을 완벽하게 해내기 위해 노력하는 사람은 당장은 훌륭해 보이나, 장기적으로 보았을 때 좋은 결과를 기대하기 어렵다. 결국 정신력의 선택과 집중 없이, 그리고 재충전의 시간 없이 자신을 혹사하는 사람이기 때문이다. 어느 순간 스스로 지쳐 무너지거나, 정작 변화가 필요할 때도 미런하게 같은 방법만 답습해버릴 것이 분명하다. 사회적으로 강요받는 성실함에 완벽하게 부합해야 한다는 부담감은 이제는 내려놓아야 하는 것이다.

또한 요즘 돈 많이 번 사람이 '인생 잘 사는 법'에 대해 멘토를 자처하는 경우가 많은데, 이것 또한 모순이다. 그들은 사회적으로 성공하는 데 거의 대부분 인생을 투자한 것 아닌가. 살아가면서 겪는 문제들 중 돈으로 해결할 수 있는 것이 많긴 하지만, 사실 돈 말고 개인의 정신력을 쏟아야 하는 문제도 많다. 그게 인생 아니겠나. 경제적인 부를 이루었다 해서 인생 잘 사는 정답을 아는 건 아니라는 것이다. 그만큼 스스로 내면의 목소리를 듣지 않거나, 다른 사람들의 입장을 이해하는 데 소홀하거나, 혹은 자신의 건강을 희생하는 등 정신력을 투자하지 않은 영역이 있는 거니까 말이다.

종종 부자들이 "내 주위에는 돈 보고 다가오는 사람이 많다"고 한탄하는 것도 이 때문이다. 애초에 자신이 돈을 1순위로 두고 살았으니, 돈을 제일 중요하게 생각하는 사람들이 모이는 것뿐이다. 그럼 '인생 잘 사는 법'을 알려주면서 성취감을 느낄 시간에, 충분히 벌어들인 돈 말고 다른 것에 정신력을 쏟는 것이 지혜롭다 할 수 있다.

이제껏 이 개념을 모르고 살았다면, 이번 기회에 내 주위 사람들에 대한 판단이 완전히 달라졌을 것이다. 내가 좋은 사람이라고 생각한 사람이 사실은 누구보다 소심하고 비겁했고, 별로라고 생각한 사람은 생각보다 실속 있고 괜찮은 사람으로 느껴지게 될 수도 있겠지. 힘들고 혼란스럽겠지만, 결국 받아들이시라. 사람을 있는 그대로 똑바로 바라보게 될 때 생기는 흔한 현상일 뿐이다. 오히려 이제는 사람을 객관적으로 판단할 수 있게 되었다는 데서 자신감을 가지시면 된다.

난 이용가치가 있는 사람일까

대부분 호불호 없이 무난한 사람보다, 호불호가 강한 사람을 꺼린다. 하지만 이건 너무 부정적으로만 바라보는 편견이지 않을까 싶다. 솔직히 말하면 호불호 없이 누구든 잘 맞는 사람보다, 오히려 호불호가 확실한 사람이 믿음직한 경우가 많기 때문이다. 사람이 어떻게 불호가 없을 수 있을까. 다들 내면에 명확한 자기 주관이 있어도, 사회화가 되면서 겉으로 마모되어버리는 것뿐이다. 소위 말해 평준화가 된다고 할 수 있다.

그런 의미에서 호불호가 강한 사람은 그만큼 자기 생각에 솔직하다는 뜻이다. 어설프게 숨기고 포장하지 않고, 좋아하는 것과 싫어하는 것을 다 드러내는 편이다. 아주 투명한 사람이라고 볼 수 있다. 예를 들어 맨날 "돈", "돈" 거리면서 대놓고 돈을 밝히는 사람을 보면, 나는 그 사람을 딱히 나쁘게 보지 않는 편이다. 돈을 싫어하는 사람이 세상에 어디 있을까. 타인의 돈으로 장난만 치지 않는다면, 돈에 욕심을 드러내는 것은 별문제가 없다. 그보다는 아닌 척하면서 겉으로는 체면만 챙기다가, 결국 돈 때문에 서운해하는 사람이 더 피곤한 법이다.

대놓고 돈을 좋아하는 사람을 대하는 방법은 참 심플하다. 내가 능력 있다는 인상을 주거나, 나와 잘 지내면 확실한 이득이 있을 거라는 자신감을 보여주는 것이다. 그러면 정말 쉽게 가까워질 수 있다. 그리고 내가 돈이 없으면 쿨하게 떠날 것을 충분히 예상할 수도 있다. 애초에 '돈 말고 나의 인간성을 봐주면 좋겠다느니' 하는 기대를 할 필요도 없기 때문에 상처 받을 일도 없다. 게다가 사회생활을 하다 보면, 의외로 이렇게 니즈가 확실한 사람이 관계가 더 깔끔하고 실질적인 도움이 되는 인맥인 경우가 훨씬 많은 걸 알 수 있다. 기브앤테이크 Give&Take를 우선시하기 때문에, 서로 필요 이상으로 감정소모 할 일이 없기 때문이다.

'돈 좋아하는 사람'이라는 극단적인 예를 들었으니, '그건 진심이 없는 관계가 아닌가?' 하는 의문이 들 수 있을 것이다. 그런데 사실, 우리는 대부분 이런 관계를 맺으면서 산다. 아주 정직하고 평화로운 방법으로 말이다. 바로 가족보다 더 많은 시간을 보내는 직장동료들이다. 그들에게 진짜 가족이나 친한 친구의 관계를 바라지 않지만, 함께 일을 한다는 명확한 니즈가 있으니 다들 선을 지키며 잘 지내는 것이다. 그렇다고 그 관계가 진실되지 않은 것은 또 아니다. 그냥 더 깊은 교감을 하지 않을 뿐이다. 일하는 방식만 잘 맞는다면 얼마든지 잘 지낼 수 있는 사이라는 것이다.

여기서 생각해볼 수 있는 건, '진실된 관계'란 결국 '서로의 니즈를 채워줄 수 있는 사이'라는 사실이다. 더 직관적으로 말하면 서로 '이용가치가 있어서' 만나는 것이다. 조금 냉정하게 들리겠지만, 부정할 수 없는 사실이다. 진실된 관계의 대명사인 '절친 사이'만 봐도 그렇다. 같이 있으면 재밌고, 내 편이 되어주고, 외로울 때 만나고, 서로를 챙겨주기 때문에 절친한 관계가 된다. '친목' 그 자체가 이용가치인 것이다. 만약 같이 있어도 재미없고, 계속 날 안 만나주고, 만나면 맨날 자기 얘기만 하는 사람이 있다면 친해질 리가 없지 않은가.

친구보다 더 소중한 '가족'은 어떨까. 유전자로 이어진 불변의 가치로 인해, 태어나자마자 가장 소중한 존재가 되는 것이다. 피는 물보다 진하다는 말이 괜히 있는 게 아니다. 입양을 하거나, 반려동물을 가족처럼 대하는 것도, 결국 그 마음을 느끼고 싶은 것과 같다. 그러면 반대로 나를 가족처럼 대하지 않거나, 재산으로 싸우거나, 도저히 같이 못 살 정도로 행패를 부린다면 '남보다 못한 사이'가 될 수도 있는 것이다. 그러니 가족을 소중하게 대해주어야, 서로의 니즈가 충족되어 행복하게 지낼 수 있는 것이다. 그러니 가족한테 잘하자.

사람 좋아하는 데 이유가 없는 거라 생각한다면,
그냥 내가 그 이유를 모르는 것일 뿐.

그 사람이 나를 어떻게 생각하는지, 나를 바라보는 진실된 모습을 알고 싶다면 내가 그 사람에게 무엇을 줄 수 있는지 먼저 생각하면 된다. 아무리 생각해도 그가 나한테서 무엇을 바라는지 모르겠고 "그냥, 네가 좋아서"라는 반응뿐이라면 문제가 있는 거다. 나한테 문제가 있거나, 상대한테 문제가 있거나.

내가 너한테 '어떤 사람이 되어줄 수 있는지'를 모른다면, 그 사람은 결국 언젠가 떠날 수 있다. 점점 그가 곁에 있는 걸 당연하게 생각하면서, 바라는 걸 주지 않는 상황이 찾아올 테니까. 예를 들어, 연애를 할 때 '이렇게 괜찮은 사람이 왜 나랑 만나지?' 하는 생각이 들 때가 가끔 있다. 너무 쉽다. 연애할 때 내가 보여주는 모습이 자기 스타일인 거겠지. 외모든, 행동이든, 분위기든. 그런데 이 사실을 알지 못하면 '이제는 사귀는 사이니까, 내 맘대로 해도 이해해주겠지' 하며 태도를 달리하게 된다. 선을 넘은 참견을 하기도 하고, 긴장이 풀려서 점점 외모를 신경 쓰지 않는 식으로. 사랑하니까 이런 것도 받아

사랑받는 이기주의자

쥐야 하지 않냐고? 애초에 연애까지 하게 된 이유가 사라지는 건데, 왜 사랑이 유지될 거라 생각할까. 예전에 좋았던 기억이 있으니 그 추억으로 몇 달은 버티겠지만, 결국 헤어지자 말하는 순간이 올 것이다.

상대에게 문제가 있는 경우도 있다. 뭔가 숨기는 게 있는 것이다. 분명 나한테 바라는 게 있긴 한데, 그게 내가 거부감을 느낄 만한 것일 가능성이 높다. 남녀 사이라면 가벼운 만남을 원한다거나, 친구 사이라면 같이 다니는 친구들 때문에 어쩔 수 없이 친하게 지내거나, 아니면 일방적으로 이용하려고 접근했을 수도 있다. 그러면 나는 아낌없이 마음을 줬다가, 언젠가 나의 이용가치가 떨어져 떠나는 그 사람에게 크게 상처를 받을 것이다. '사람을 못 믿겠다'라는 트라우마에 시달릴 수도 있고.

사람을 잘 보는 방법은 정말 쉽다. 내가 그 사람에게 무엇을 해줄 수 있는지 명확하게 알면 된다. 그러면 누구를 만나도 소홀하지 않게 되고, 상대의 예상치 못한 모습에 상처받을 일도 없다. 내가 원하는 누군가와 가까워지기도 쉽고, 아니다 싶은 상대에게서 빠르게 벗어날 수도 있다.

왜 이렇게 공통점에 집착해?

상대와 내가 공통점이 많으면 좋은 관계가 될까? 일단 그렇게 될 확률은 높다. 통하는 지점이 많으면 금방 가까운 사이가 되니까. 공통된 관심사가 많으면 나눌 수 있는 이야기의 범위도 넓어지고. 하지만 이렇게 좋은 것만 있는 건 아니다. 같은 면이 지나치게 많으면, 의외로 그 관계는 오래가지 못하기도 한다. '동족 혐오'가 될 수도 있기 때문이다. 서로를 너무 잘 아니까 쉽게 가까워지기도 하고, 단점까지 적나라하게 보여서 금방 실망해버릴 수 있는 것이다.

그래서 가치관, 생활방식, 취향, 스타일, 커리어 등 '공통점'과 '다른 점'의 밸런스는 딱 5:5 정도가 이상적이다. 반절로 칼같이 나누기 어렵다면 6:4도 좋고, 7:3이어도 괜찮다. 너무 세세하게 따지지 말고, 두 가지가 적당히 공존하면 그만이다.

하지만 타인과 다른 점이 불편해서 '나와 비슷한 부류'만 만나려고 하는 이들이 있다. '이 부분이 나랑 잘 안 맞네? 그럼 당연히 다른 것도 잘 안 맞을 거야'라며 섣불리 선을 그어버린

사랑받는 이기주의자

다. 심하면 상대가 나와 다른 점이 존재한다는 사실을 견디지 못하는 경우도 있다. 그러면 결국 누구를 만나든 멀어질 수밖에 없다. 관계가 오래가고 깊어지다 보면, 결국 서로의 '다른 점'을 발견하게 되기 때문이다. 그 사람과 계속 관계를 유지하고 싶다면 서로의 다름을 인정하는 것부터 시작해야 한다. 나와 같지 않다고, 내게 익숙한 모습을 보여주지 않는다고 함부로 '잘 맞지 않는 사람'이라고 결론짓지 말자.

> 우리의 '다른 점'을
> '맞지 않는 점'으로 해석하는 순간
> 관계의 끝이 보인다.

실제로 누구와든 대체로 잘 지내는 사람을 보면, 나와 다른 부분을 발견했을 때 오히려 호기심을 갖는 경우가 많다. 새롭고 낯선 모습에 오히려 흥미와 매력을 느끼는 것이다. 그러니 상대의 잘 맞는 부분부터 찾는 것이 아니라, 그 사람을 있는 그대로 받아들일 수 있다. 공통점에 집착하지 않을 때, 진정성 있는 관계를 맺는 것이 가능해지는 것이다.

이런 식으로 얼마든지 조율하며 상부상조하는 방향으로 갈 수 있다. 굳이 같은 방향을 억지로 바라보지 않아도, 서로 등을 맞대고 함께 싸우는 느낌이랄까. 영화나 만화에서도 같은 성격의 캐릭터만 있으면 내용이 뻔하고 지루하지 않겠는가. 성격이 제각각인 캐릭터가 한 팀으로 뭉쳐 다니면서 더 풍부한 이야기가 펼쳐지는 것이다. 서로를 보완하며 어려운 문제를 함께 헤쳐나갈 테니 말이다. 그러니 개인적으로 문과와 이과는 그만 싸웠으면 좋겠다. 아무리 달라도, 결국 둘 다 우리에게 필요한 소양들이니까. 문과 만세. 이과 만만세.

낯선 네 모습을 받아들이면서
점점 내 모습도 낯설게 변해가더라.

그런데 지나고 보니,
성장하는 거였어.

대화 스킬 킥

: 대화를 통해 타협점 찾기

나를 완벽하게 상대에게 맞추려 하지 않아도 된다. 둘 사이에 안 맞는
부분이 있으면 서로 대화를 나누며 얼마든지 타협하면 되기 때문이다.

상대에게 원하는 것을 어필할 때
"너 소고기 좋아해? 그런데 나는 돼지고기가 더 맛있더라. 오늘은 소
고기 먹고, 다음에는 돼지고기 맛집에 가보자."

상대와 무언가를 같이 하고 싶을 때
"너 축구 좋아해? 나는 축구는 잘 모르지만, 대신 옆에서 응원은 잘할
자신 있어. 치킨도 먹으면서 같이 응원하자."

계획을 세울 때
"너는 계획적이고 나는 즉흥적이니까, 같이 여행 가면 네가 스트레스
를 받을 수 있겠다. 그러니까 차라리 예산에 맞춰서 네가 계획하는 게
좋겠어. 대신 나는 사진을 예쁘게 찍어줄게."

고쳐 쓰지 말고,
골라 써라

예의 바른 어장관리

많은 사람이 기대하는 게 있다. 모든 사람이 자신을 좋아해야 한다는 아이러니한 심리. 내가 모든 사람에게 사랑을 주지 않 듯, 그들도 나에게 그럴 이유가 없는데 말이다. 그렇다고 나를 좋아해주는 일부만 만날 수도 없는 노릇이다. 살아가다 보면 결국 그렇지 않은 사람들과도 부딪치며 살아갈 수밖에 없다.

이때 떠올려야 할 한 가지 진리가 있다. '모든 사람은 장점 과 단점을 동시에 갖고 있다'라는 사실. 그렇기 때문에 상대의 장점은 받아들이면서, 단점에는 적당히 거리를 두는 요령이

사랑받는 이기주의자

필요하다. 냉정하게 들릴지 몰라도 '달면 삼키고, 쓰면 뱉는' 방식으로 그 사람을 대해보자. 사실 이게 모든 인간관계의 핵심이라 할 수 있다.

예를 들어 연애를 할 때도, 만나는 모든 사람을 '결혼할 대상'으로 생각하면 바라는 게 많아지고, 그만큼 실망도 커지기 마련이다. 그래서 적당히 썸만 탈 사람, 연애할 사람, 결혼할 사람을 구분 짓는 게 가장 속 편하다. 그럼 애초에 그 사람에게 없는 모습을 바라지 않게 되니까 말이다. 그러다 내가 생각했던 것 이상으로 결혼하고 싶을 만큼 괜찮은 모습을 보여주면 감사한 일이다. 그게 아니라면 딱 거기까지일 뿐이다.

모든 관계를 그렇게 대할 때 자연스레 우선순위가 줄 세워지면서, 소모되는 감정은 대폭 줄어든다. 그래서 나는 "사람은 고쳐 쓰는 게 아니다"라는 유명한 말에, 이 한 마디를 덧붙이는 걸 좋아한다.

"사람은 고쳐 쓰는 게 아니라,
골라 쓰는 것이다."

결국 선택의 문제이다. 공식적인 말로는 '용병술用兵術'이라 부르고, 은유적인 말로는 '어장관리'라 부를 수 있을 것이다. 나는 이 개념을 '포지셔닝Positioning'이라 부르는 걸 좋아한다. 가장 직관적으로 느껴지기 때문. 그 사람의 장단점에 따라, 내 주위에 적재적소로 배치하는 거나 다름없으니까. 물론 티 내지 않고, 마음속으로만.

포지셔닝이란, 말 그대로 내 주위 사람의 '포지션'을 정하는 것이다. 그 사람이 나에게 어떤 이득을 주는지, 도움이 될 만한 부분은 무엇인지, 어떤 쪽으로 영감이나 즐거움을 주는지에 따라 관계의 형태를 달리하면 된다.

너무 계산적이지 않냐고? 사실 맞다. 앞서 말했듯이, 모든 관계는 니즈(이용가치)를 충족해야 의미가 있는 것 아니겠나. 다들 계산적이지 않은 척할 뿐, 결국 마음속으로 셈을 하고 있다. 마음이 가니, 안 가니 하며 말이다.

어차피 셈을 할 거라면 좀 더 제대로 해보자. 사람을 고르고 적재적소에 배치하고 잘 관리하는 '인사팀'처럼. 내 삶을 하나의 회사라고 생각하고 운영해보자. 이윤은 '돈'이 아니라 '행복'을 창출하는 라이프스타일 기업으로. 그렇다면 회사가 더 큰 이윤을 창출하기 위해서는 1인 기업으로 충분할까? 당연히 어렵다. 돈도 행복도 결국 혼자서는 한계가 있다. 따라서 나를 더욱 행복하게 만들어줄, 여러 업무를 수행하는 '직원들'을 고용해야 한다.

이제 그들을 적성에 맞게 부서배치, 즉 포지셔닝하여 분업화해보자. 만약 어떤 직원이 사람들과 어울리는 걸 좋아하고, 술자리 좋아하고, 가만히 있는 걸 지루해한다면 무조건 영업부서로 배치해주어야 한다. 그게 아니라, 지긋이 한자리에 앉아서 하나에 몰두해야 하는 연구직에 배치하면 당장 그만둘지도 모른다. 그렇다고 영업과 연구를 동시에 시켜봤자 능력을 제대로 발휘할 리도 없으니, 제일 잘 맞는 영업부서에 집중시키는 게 가장 효율적이다.

내 삶의 대주주들

그렇다면 내 삶에서 가장 소중한 사람인 가족, 절친한 친구, 연인은 어디에 속할까. 그들은 '임원'이라 할 수 있다. 가족들은 태어날 때부터 임명된 낙하산이라고 보면 되는 거고. 주의할 것은 이 임원 포지션은 소수로 유지해야 한다는 사실이다. 외로움을 많이 타거나 모든 사람에게 사랑받고 싶다는 강박이 있으면 '소중한' 사람을 지나치게 많이 두려는 경향이 있다. 친한 친구도 많이, 연인 후보도 많이. 그러면 내 삶이 피로해질 수밖에 없다. 그들을 다 신경 쓰고 관리하기 어렵기 때문이다. 게다가 임원이 너무 많으면 회사가 제대로 된 방향을 못 잡고 이리저리 휘둘리게 된다. 그러니 진짜 내 삶에 긍정적인 영향을 줄 수 있는 사람들만 요직에 앉히는 게 좋다.

그리고 너무 소수의 임원에게만 집중하는 것도 문제다. 가장 중요한 사람들 외에는 절대 어울리지 않으려 하는 것 말이다. 회사에서 다른 직원 하나 없이, 오직 임원만 있으면 제대로 돌아갈 리가 없지 않은가. 사옥을 문제없이 관리하는 시설 관리직, 방문객을 매끄럽게 응대하는 안내 데스크, 서류나 파

일을 정리하는 단순 사무직 등. 요직은 아니지만, 그들도 엄연히 회사를 운영하는 데 필요한 소중한 존재들 아닌가. 그래서 가장 가까운 임원만큼은 아니더라도 그들에게 어느 정도의 관심과 애정으로 적당한 관계를 유지해야 한다. 이렇게 회사에 임원부터 사원까지 폭넓은 구성원들이 각자의 역할을 함으로써 회사가 잘 돌아가는 것이다.

한 가지 더 주의해야 할 사항이 있다. 임원 한두 명이 회사(나)를 망가뜨리는 걸 가만히 보고만 있어서는 안 된다. 그 사람이 나에게 얼마나 중요한 사람이더라도 내 삶이 망가지면 아무 소용 없지 않은가. 임원까지 올라올 정도로 내게 많은 영향을 주었던 사람이라도, 더 이상 그 역할을 제대로 해내지 못하면 해고해야 한다. 눈 딱 감고, 과감하게 자르도록 하자. 그 사람이 토사구팽兔死狗烹한다며 강하게 반발하더라도, 어쩔 수 없는 선택이다. 그게 싫었으면 알아서 잘하지 그랬나.

예를 들어, 믿었던 친구가 내 험담을 하고 다닌다면 어떻게 해야 할까. 일단은 임원급이니 한두 번은 눈감아줄 수 있다. 하지만 그 정도가 점점 심해지고, 내 평판이 망가지는 수준이라면 절교를 택하는 게 맞다. 대놓고 절교를 하지 못하는 상황이라면 마음속으로 임원에서 일반 사원으로 강등시켜버리자. 마음의 선을 긋고 그 친구를 대하는 것이다. 이전에 그와 아무리 친했던들, 그 모습을 잃은 지금은 똑같이 대우할 필요가 없다. 똑같이 대우할수록 그 정도가 더 심해질 뿐이니까.

연인이 나를 정서적으로, 또는 신체적으로 학대한다면, 곧바로 헤어지지 않더라도 학대가 지속된다면 최대한 이별을 생각해야 한다. 다른 사람도 아닌 사랑하는 사람에게 지속적으로 상처를 받으면 평생 지울 수 없는 흉터로 남을 테니까. 그런 사람과 계속 만나는 것보다 차라리 헤어지고 한동안 외로운 시간을 견디는 게 낫다.

심지어 가족도 마찬가지이다. 진절머리 날 정도로 내 일거수일투족에 참견하거나, 도저히 제대로 된 삶을 살기 어려울 정도로 괴롭힌다면? 그래도 가족이니까 연을 끊지는 못하겠지만, 따로 나가서 살아야 하는 건 확실하다. 최대한 마주치지 않고, 연락도 자주 하지 말아야 한다. 이런 나를 아무리 원망하더라도 어쩔 수 없다. 일단은 내가 제대로 사는 게 먼저이니까.

사랑받는 이기주의자

힐러 & 탱커

'학교에 다닐 때 친구가 진짜 친구'라는 말은 변화를 두려워하는 사람들의 변명이다. 어릴 적에는 같이 어울릴 시간이 많아서 친해질 기회가 많았을 뿐, 그게 충족된다면 사회에서 만난 친구도 얼마든지 친해질 수 있으니까.

하지만 어릴 적 추억을 공유한다는 점에서, 어릴 적 친구를 대체하는 게 어려운 건 사실이다. 진짜 친구가 그들만 있는 건 아니지만, 분명 그들만이 해줄 수 있는 역할이 있을 테니까. 내가 지치고 힘들 때, 어릴 때처럼 아무 생각 없이 놀고 싶을 때, 그들은 함께해줄 수 있는 존재들이다. 일종의 휴식이 되어주는 사이라고 볼 수 있다.

나의 아버지는 모임도 안 나가시고, 술자리에도 참석하지 않으시면서, 오직 자기 일만 우직하게 하시는 분이셨다. 그렇게 세월이 흐르다 보니 작은 소모임조차 없으시더라. 그런데 환갑을 넘긴 최근, 거의 20년 만에 어릴 적 친구들을 만나는 걸 보게 되었다. 친구분들은 선생님, IT 회사 대표, 국회의 원 남편 등으로 다양했는데, 우리 또래들이랑 노는 게 딱히 다르지 않더라. 서로 놀리고 낄낄대고 시답잖은 농담이나 하고. 어떻게 보면 철없는 것처럼 보였지만 그 모습이 참 좋아 보였다. 항상 그렇게 살 순 없겠지만, 가끔은 그런 게 있어야 인생이 즐거워지는 법 아니겠나.

앞을 향해 달려가는 사람들, 현재의 삶에 충실하려는 사람들은 종종 이걸 무의미하다 생각하기도 한다. 하지만 사람이 어떻게 계속 달리기만 할 수 있겠나. 가끔은 이렇게 뒤를 돌아보며 쉬기도 해야 한다. 그들은 내가 힘들고 지쳤을 때 실질적인 조언은 못 해줄지언정, 따뜻한 위로는 해줄 수 있다. 회사로 치면 복지 담당 부서이자, 힐러가 되어주는 것이다. 또한 큰 도움은 못 되더라도, 무작정 내 편을 들어줄 수는 있다. 고객의 불만을 처리하는 부서이자, 탱커 역할을 해주는 것이다.

그러니 아무리 사는 게 바쁘고 정신없더라도, 어릴 적 그 친구들과 전혀 다른 삶을 살고 있더라도, 가끔씩은 연락하고 만나보자. 살면서 최소한 그런 친구 한두 명은 남아 있어야 삶이 윤택해지는 법이니까.

사랑받는 이기주의자

트민남 vs 트민녀

새로운 것에 유독 관심 많은 사람이 있다. 트렌드에 민감한 사람, SNS에 유행하는 것은 다 해봐야 하는 사람, 만나면 꼭 새로운 것을 해보자고 제안하는 사람 등. 갑자기 캠핑에 빠져 한 번도 안 가본 캠핑을 가자고 하는가 하면, 맛집이라며 멀리까지 가보자는 황당한 제안을 할 때도 있다. 내가 생각지도 않았던 브랜드를 소개하며 지갑을 열게 만들기도 한다.

진지한 관계만 중시하는 사람은 이런 사람들을 '만나면 정신없는 사람', '피곤하게 사는 사람' 정도로 치부하지만, 사실 그렇지 않다. 그냥 스타일의 차이일 뿐이다. 오히려 이들은 지인으로 알고 지내기만 해도 이득이다. 왜냐하면, 보통 사람들은 익숙한 것을 좋아한다. 그러다 보니 자칫 쳇바퀴처럼 도는 삶에 매너리즘을 느끼기도, 새로운 변화에 적응하지 못하고 시기를 놓쳐버리기도 한다. 이들은 내가 그렇게 되지 않도록 새로운 자극과 영감을 제공해주는 존재들이라 할 수 있다.

그래서 개인적으로는 SNS 중독자를 좋아한다. 정작 나는 사진을 거의 올리지 않고, 댓글조차 달지 않지만, 눈팅은 실컷 하는 편이다. 트렌드에 민감하게 움직이는 그들을 가만히 지켜보면서, 편하게 앉아 트렌드를 소비하기만 하면 되니까. 딱히 요구하지 않았는데 그들이 자진해서 떠먹여주는 느낌으로 말이다. 부서로 치면, 마케팅부라고 할 수 있다.

이런 사람 한둘은 꼭 주위에 두도록 하자. 몇 달에 한 번이라도 좋으니, 한 번씩 먼저 연락해보는 걸 추천한다. 요즘은 어떤 흥미를 가지고 있는지, 추천해줄 만한 게 뭐가 있는지 슬쩍 물어보자. 사실 먼저 묻지 않아도 알아서 신나게 떠들어줄 확률이 높긴 하다. 거기에 내가 할 역할은 그저 그 사람이 더욱 말할 맛이 나도록, 성심성의껏 리액션을 해주는 것이다. 초롱초롱한 눈을 빛내며, 무척 흥미를 보이기도 하고, 무언가를 제안하면 군말 없이 따라주고, 마음껏 즐기는 모습을 보여주면 된다.

사랑받는 이기주의자

테이커 & 기버

내 커리어에 도움이 되는 사람들은 전형적인 인맥관리의 대상이다. 철저한 기브앤테이크Give&Take 관계라 할 수 있다. 꽤나 속물적이면서 심플한 관계인 것이다. 이때 많은 사람이 하는 실수가 있는데, 그 사람이 나에게 줄 것부터 생각하는 것이다. 이 사람이 그렇게 잘났으니, 친해지면 뭔가 콩고물이라도 떨어지지 않을까 하는 마음을 떨칠 수가 없는 것이다.

그보다 중요한 건, '먼저 내가 무엇을 줄 수 있느냐'이다. 백날 친해지면 뭐하나. 내가 줄 수 있는 게 없으면, 그 사람에게서 얻을 수 있는 것도 없다. 심리학 책의 고전 《설득의 심리학》에는 '상호성의 원칙'이라는 것이 나온다. 요약하면, 먼저 호의를 베풀면 기대보다 많은 것이 돌아온다는 것이다. 꼭 심리학의 힘을 빌릴 것도 없다. '가는 말이 고와야 오는 말이 곱다'는 속담만 떠올려봐도 알 수 있는 사실이니까.

내가 상대에게 줄 것은 무엇인지, 그게 그 사람에게 어떤 가치가 있는지를 먼저 어필하자. 처음에는 무엇을 받을지 생각하지 말자. 내가 도움이 된다고 생각되면, 언제든 돌아오는 게 있기 마련이다. 일단 빚을 지워두는 게 중요한 것이다.

이런 관계는 이용가치가 있는 모습 딱 하나만 보여줘도 관계가 충분히 잘 유지된다. 그 사람이 궁금해하는 분야의 정보를 내가 하나라도 알고 있다는 걸 보여주거나, 내가 해줄 수 있는 일을 처리해주거나, 그 사람이 원하는 다른 사람들을 많이 소개해주거나, 아니면 최소한 같이 있을 때만큼은 힐링이 되도록 즐거운 시간을 보내면 된다.

심지어 나는 전 여친이나 전 썸녀도 인맥으로 가치가 있다면, 이렇게 대하곤 했다. 한 친구는 필라테스 강사인데, 외모도 예쁘고 말을 너무 재밌게 하는 매력적인 친구다. 그녀는 종종 내 유튜브 채널에 올라가는 영상의 카피라이팅을 조언해주기도 했는데, 언어 감각이 뛰어난 그녀의 말들은 굉장한 도움이 되었다. 그러다 보니, 따로 급여를 주며 카피라이터로 고용하기에 이르렀다. 결국 나중에 둘의 썸은 연락패턴, 스킨십 이슈 등의 사유로 흐지부지되었지만, 몇 년 동안이나 상부상조하는 관계를 이어갈 수 있었다. 그렇게 인연이 지속되다 보니 나도 그녀의 필라테스 수업을 신청해서 수강생이 되기도 하고, 그녀가 내 영상에 필요한 목소리를 녹음해주는 등 서로에게 유익한 사이로 발전하더라. 썸 한 번 타는 것보다 몇 배는 이득이 된 셈이다. 이런 사람이 한두 명만 쌓여도 나의 커리어 전반에 커다란 도움이 될 수 있다.

플랫폼형 인간

우리 주위에는 꼭 오지랖 넓은 사람이 하나씩 있다. 늘 주변의 대소사에 앞장서고, 최대한 많은 사람과 어울리는 걸 좋아하는 사람. 이런 사람에게 인간관계는 다다익선이다. 일종의 인맥 플랫폼이라고 할까.

이 사람의 단점은 도무지 한 사람에게 집중하지 못한다는 것이다. 정신없이 많은 사람을 만나는데 깊이나 영혼이 있을 리 만무하다. 물론 나 역시, 깊은 관계가 아니라 넓고 얕은 관계의 한 명일 뿐이겠지. 아마 그 사람은 이 사실을 부정하겠지만, 나를 수많은 지인 중 하나로 생각하는 건 분명하다.

그러다 보니 진실되지 않아 보이고, 나를 가볍게 대하는 것 같아 괜히 서운할 수도 있다. 하지만 그럴 필요가 전혀 없다. 이 사람은 앞서 말한 영업부의 핵심인력이다. 이 사람이 발을 걸치고 있는 많은 사람과 함께 어울리며, 나도 자연스럽게 발을 넓힐 수 있는 것이다. 덕분에 수많은 인연이 생겨날 수 있게 된다.

게다가 이 사람의 최대 장점은, 영혼이 없기 때문에 엄청 신경 써서 관계를 유지하지 않아도 된다는 것. 어차피 질보다 양이 중요한 사람이기에, 알고 지내는 사람이 한 명이라도 더 늘어나는 게 자신에게 이득이라고 생각한다. 그래서 나도 발만 걸치는 관계 정도로 대해도 딱히 신경 쓰지 않을 가능성이 높다. 먼저 연락이 오면 잘 받아주고, 자리를 만들어주면 스스럼없이 참석하도록 하자. 애초에 깊은 관계를 기대하지 않으면, 얻을 게 참 많은 사람이니까.

문제는 이런 사람과 연인이 되거나, 절친이 되는 경우다. 앞서 말한 서운함이 배가 될 수밖에 없다. 이들은 바로 옆에 있는 소중한 사람을 1순위로 두지 못한다. 안 하는 건지 못 하

사랑받는 이기주의자

는 건지 모르겠지만, 딱히 그건 중요하지 않을 정도로. 그러니 부디, 그의 붙임성에 홀랑 넘어가서 더 깊은 사이만 되지 않기를 바란다.

스페셜리스트

어떤 확실한 특기는 있는데, 사교성은 없는 사람이 있다면 꼭 친하게 지내도록 하자. 보통 이들은 하나만 파는 스타일이라, 만나면 재밌는 스타일이 거의 없다. 하지만 그것만 감수한다면, 그만큼 자기 영역에 집중했기 때문에 분명 내게 도움 줄 일이 생긴다. 게다가 사교성이 부족할수록 친구도 별로 없을 테니, 쉽게 마음을 열어주기까지 한다. 만나서 좀 재미없으면 어떤가. 내가 재밌게 해주면 그만인 거지. 이들을 만날 때만큼은 내가 그날의 분위기 메이커라고 생각하면 되는 것이다.

외모에만 신경 쓰고 살아서, 예쁘거나 스타일만 좋은 친구가 있다면 얼굴마담으로 가깝게 지내자. 입만 열면 깨는 타입이더라도, 입을 열지 않는 상황에서는 엄청난 위력을 발휘할 테니까. 그 친구와 같이 다니는 모습을 통해 나까지 후광 효과를 입을 수 있고, 그 친구 주위를 맴도는 괜찮은 이성을 소개받을 수도 있는 것이다.

취향이 독특한 사람과 친하게 지내면, 그에게 새로운 영감이나 의외의 소득을 얻게 되기도 한다. 남들 눈에는 한심하게 사는 거로 보여서, 사람들과 잘 지내지 못하는 동생 C가 있다. 그는 혼자 중얼거리고, 마이너한 게임을 즐기고, 과학 소설에 꽂혀 있는 조금 특이한 친구이다. 이 친구와 어떤 계기로 가까워져서 그를 지켜볼 기회가 많았는데, 남들에게 없는 특별한 점이 있었다. 바로 숫자 놀이에 몰두하면서 산다는 것. 게임도 알고리즘을 파헤치며 계산하는 재미로 하는 거였고, 과학 소설을 즐겨 보는 것 또한 같은 이유였다. 그렇게 숫자에 특화되어서인지 몰라도, 의외로 주식으로 생활비 정도는 거뜬히 버는 실력을 갖추고 있었다.

그의 몇 안 되는 친한 사람이 된 나는 그 친구가 주는 주식 정보로 쏠쏠하게 재미를 볼 수 있었다. 지금은 내가 주식을 하지는 않지만, 컴퓨터나 휴대폰 등 각종 IT 기기들을 최저가로 사는 등 아직도 그의 도움을 받고 있다. 숫자로 돌아가는 요즘 세상에서 없어서는 안 될 중요한 지인인 것이다.

사회성이 있고 없고를 떠나 연애코치이자 유튜버라는 직업을 가진 나 또한 여기에 부합하는 사람일 것이다. 오직 연애라는 분야만 16년 동안 팠고, 방구석에서 대본을 쓰고 유튜브 영상을 찍는 사람일 뿐이지만, 나와 가까이 지내는 사람들은 모두 나를 필요로 한다. 문제가 생겼을 때 즉각 연애상담을 받기도 하고, 유명한 유튜버와 친하다고 자랑거리가 생기기도 할 테니까 말이다. 그래서 그런지 나는 꾸준히 연락하고 지내지는 않지만, 몇 년에 한 번씩 연락 오는 지인이 참 많다. 어쨌든 살다 보면 연애나 유튜브에 특화된 내가 필요한 순간이 생기니까.

인맥이라는 단어를 쓸 때 보통 '쌓는다'라는 동사와 연결한다. 인맥을 '만든다'보다 '쌓는다'는 동사를 더 많이 쓰는 이유가 있다. 탑을 쌓는 것과 비슷하기 때문이다. 모난 돌끼리는 맞물리게, 평평한 돌은 수직으로. 필요한 돌을 적재적소에 배치할 줄 알아야 하는 것이다.

사람을 대하는 데 능숙하지 않아도, 만나는 사람마다 이 포지셔닝 개념을 기억한다면 사람을 어떻게 대해야 할지 길이 보이게 된다. 주변에 사람이 많지 않더라도 한 명, 한 명 늘어나면서 인프라가 제곱이 되기도 한다. 기준만 잘 세워도 사람에게 상처받지 않고 이득만 취할 수 있다. 그러면서 점점 다양한 포지션의 사람이 쌓이고, 그들을 대처하는 방식도 훨씬 능숙해질 것이다.

사랑받는 이기주의자

관계의 공식

: 100% 헤어지는 최악의 궁합

관계를 유지하기 위해서는 서로 노력이 필요하지만, 결국 성격 차이 때문에 관계가 틀어지는 최악의 궁합이 있다.

버럭이 vs 슬픔이

맨날 화만 내는 '버럭이'와 맨날 우는 '슬픔이'가 있다. 두 케이스 모두 지나치게 감정적인 타입으로 눈앞에 있는 감정만 보이는 사람들이다. 버럭이는 급발진을 잘한다. "돈을 벌려면 열심히 살아야겠지?"라고 물었을 경우 버럭이는 버럭 화를 내면서 "당연히 열심히 살아야지! 그걸 왜 얘기하는데? 당연한걸"이라며 대답한다. 맞는 말이라도 기분이 나빠진다. 둘 다 같은 버럭이면 크게 싸워서 완전히 관계를 끝내거나 어느 정도 조율이 되거나 하는데, 한쪽이 슬픔이라면 답이 없다. 슬픔이는 너무 힘들어하면서 이 순간을 진정시키려고만 한다. 그런데 버럭이는 들으려 하지 않는다. 버럭이는 슬픔이에게 해결할 모습이나 의지가 보이지 않아서 더 화를 내고, 슬픔이는 버럭하는 모습에 더 슬퍼져서 버럭이가 아무리 맞는 말을 해도 듣고 싶어 하지 않는다. '화를 낸다는 태도'에 메시지가 묻혀버린다.

> 버럭이 : 그렇게 힘들면 돈을 벌어야지!
>
> 슬픔이 : 돈은 나도 벌고 싶지…. 그런데 너무 힘든 걸 어떡
>
> 하라고… 왜 나한테 화만 내는데….
>
> 버럭이 : 너는 노력을 안 한다고!

이런 대화 패턴이 반복되면 결국에는 서로 지쳐서 결별한다. 둘 사이 '감정의 골'이 봉합되지 않기 때문이다.

과거에 사는 사람 vs 미래에 사는 사람

과거에 사는 사람을 '추억팔이', 미래에 사는 사람을 '비전팔이'라 부른다. 과거에 사는 사람은 만나는 사람만 만나고, 미래에 사는 사람은 인맥관리만 하러 다닌다. 추억팔이는 '과거의 영광'에 머물러 있는 것이 문제다. 맨날 상대방에게 "넌 그래서 안 돼", "내가 왕년에 참 잘나갔는데" 하고, 미래에 사는 사람은 그런 추억팔이를 보면서 "넌 진짜 미래가 없어" 하면서 무시한다. 미래의 비전만 너무 좇는 게 문제이다. 현재의 행복을 챙겨야 하는데 너무 멀리 보기만 하다 보니 현재가 행복하지 않은 경우가 너무 많다. 과거에 사는 사람은 과거의 영광을 추억하면서 행복하기는 하겠지만 발전이 없다는 게 문제이다. 이러한 이유로 추억팔이는 '열등감'에 빠지기 쉽고, 비전팔이는 '자만심'에 빠지기 쉽다.

둘 사이를 해결할 수 있는 방법은 무엇일까. 추억팔이는 과거를 완전히 버리고 새사람이 되는 건 무리이다. 그렇기에 미래의 또 다른 영광을 위해서 과감하게 결정해야 할 때가 있다. 한 번쯤은 무모하게 도전해봐도 좋다. 비전팔이는 현재의 만족을 위해 살아야 한다. 전력질주하지 말고 인생을 마라톤이라 생각하고 음미하는 시간을 가져야 한다. 추억팔이와 비전팔이가 만나면 서로를 인정하지 못하고 무시하다가 관계가 깨지고 만다.

진짜 잘 맞는 사람을
찾으려면

이래야 좀 믿을 만하지

오래 볼 사람에게 가장 중요한 것은 뭘까? 바로 마음이 편한 것이다. 마음이 편하려면 무엇이 필요할까? 그 사람이 믿을 만해야 한다. 즉 신뢰가 필요하다는 것. 그렇다면 신뢰란 무엇일까. 그 사람이 내 생각에서 크게 벗어난 행동을 하지 않을 거라는 굳건한 믿음이다. 즉 신뢰는 '예측 가능성'으로 만들어진다고 봐도 된다.

따라서 "사람 사이에는 믿음이 중요하다"라는 말은 순진한 사람들이 생각하는 '무작정 서로를 믿어줘야 한다'라는 소리

사랑받는 이기주의자

가 아니다. 행동이 예측 가능할 만큼 '서로를 알 수 있어야' 한다는 뜻이다. 그러려면 상대의 본모습을 파악할 줄 아는 통찰력을 지니거나, 그 사람을 오랫동안 신중히 지켜볼 수 있는 인내심이 있어야 한다. 그러면 진짜 믿어도 되는 사람이 보이고, 나 또한 어떤 모습을 보여줘야 믿음을 줄 수 있는지 안다.

어리석은 사람은 믿고 싶은 사람을 믿고,
지혜로운 사람은 믿을 만한 사람을 믿는다.

사람들은 무엇이든 선善과 악惡, 흑黑과 백白, 이분법적인 사고로 나누고 싶어 한다. 사람도 마찬가지. 좋은 사람, 나쁜 사람, 옳은 사람, 틀린 사람. 이런 수식어를 참 쉽게도 붙인다. 그런데 대부분의 사람은 절대악도, 절대선도, 완전한 검정이나 흰색으로 나눌 수도 없다. 대부분 '애매하고', '그럴 수도 있고 아닐 수도 있는' 영역에 걸쳐 있는 회색분자들이다. 사람은 상황에 따라 입장이 바뀌고 태도가 달라지는 입체적인 존재니까.

하지만 '나랑 잘 맞는' 사람인지, '나한테 어떤 영향을 끼칠' 사람인지는 확실하게 구별할 수 있다. 그 사람이 진짜 모습이 안 나오고는 못 배길 만큼, 시간을 두고 꾸준히 지켜보는 식으로. 기억해야 할 건 딱 두 가지다. 짧은 시간에 보여주는 행동인 '단순 행동'을 믿지 않을 것. 그리고 장기적으로 보여주는 행동인 '지속 행동'만 믿을 것. 쉽게 말해 단발성으로 몇 번 보여주는 행동은 섣불리 믿지 말고, 지속적으로 꾸준히 보여주는 행동만 믿으라는 것이다. 그 외에는 그 사람의 진짜 모습이라고 속단하지 않아야 한다. 결국 자신의 진짜 습관, 진짜 라이프스타일, 진짜 성향은 시간이 지나면 드러날 수밖에 없으니까.

먼저 단순 행동부터 살펴보자. '단순 행동'의 대표주자는 '말'이다. 말은 행동보다 쉽고, 언제든지 바꿀 수 있다. 게다가 살다 보면 모두가 그 말을 완벽하게 지키지도 못한다. "오늘부터 자기 계발에 힘쓸 거야"라고 한 지 얼마 지나지 않아 "딱 이 영상만 보고 해야지" 하면서 바로 유튜브를 켜는 것처럼 말이다. "다이어트해야지"라고 점심때 말해놓고, 저녁으로 "나를 위한 보상"이라며 삼겹살을 구워 먹는 것처럼.

인간관계도 마찬가지다. 나는 "~한 사람이야", "~할 거야"

같이 일반적으로 툭 던지는 말은 모두 지켜질 리가 없다. 순진한 사람들은 "이렇게까지 말하는데, 설마 아니겠어?" 하며 곧이곧대로 믿기도 한다. 하지만 그건 신뢰의 표현이 아니라, 호구임을 자처하는 것일 뿐이다. 명확한 증거나 정황이 없는 말은 그게 어떤 것이든, 정치인의 거짓 공약과 다름없다. 지켜주면 감사하고, 안 지켜도 내가 어찌할 수 없는 것이다.

그렇다고 상대가 "무엇을 할 것이다", "나는 이런 사람이야"라는 말을 할 때 절대 믿지 말라는 소리는 아니다. 그런 방어적인 태도를 취해봤자, 나만 스트레스 받고 인간관계만 좁아질 뿐이니까. 그저 함부로 속단하지 말고, 그 말이 지속 행동으로 이어지는지 지켜보면 된다는 것이다. 딱 이 정도로만 생각하면서.

'지금 그런 사람이라고 어필하고 싶은 거구나.'
'스스로 그렇다고 믿고 있는 거구나.'

반면 지속 행동은 시간을 두고 일관성을 보여주는 행동이기에, 충분히 신뢰해도 괜찮다. 초기부터 확실하게 아니다 싶은 사람만 제외하면, 누구를 만나든 섣불리 결론 내리지 말고 시간을 두고 지켜보자. 지나치게 좋은 쪽으로만 생각할 필요도 없고, 무작정 나쁜 쪽으로만 볼 필요도 없다.

그런데 많은 사람이 이 지속 행동을 확인할 수 없는 관계의 초기에 상대를 검증하려고 기를 쓴다. 정말 소용없는 짓이다. 오히려 더 안 좋다고 볼 수 있다. 그렇게 처음부터 힘을 빼면 뺄수록, 후반으로 가면 '에라 모르겠다'라며 지나치게 풀어져 버리기 때문이다. 그렇게 기를 쓰고 그 사람을 판단했건만, 어느 정도 가까워지면 걸러야 할 행동에조차 너그러워지는 실수를 하는 것이다. 뒤늦게 실망하게 되더라도 '내가 초반에 쏟은 에너지가 아까워서' 놓지 못할 때가 많아진다.

처음에는 너그럽고, 가볍고, 관대하게.
갈수록 냉정하고, 신중하고, 단호하게.

실패 없이 진짜 잘 맞는 사람을 만나려면 이렇게 해야 한다. 관계 초기에는 힘을 빼고 상대에게 관대해져보자. 일단 기본적인 조건만 맞는다면, 너무 모난 사람만 아니라면, 괜찮은 사람인지 아닌지 빨리 판단하려 하지 말고 그냥 지켜보는 것이다. 그래서 처음에는 너무 진지한 것보단 좀 가벼운 게 낫고, 좋은 게 좋은 거지 하며 관대해지는 게 좋다. 그리고 시간이 갈수록, 그의 지속 행동을 지켜보며 관계의 깊이를 결정하면 된다.

그러면서 어떤 포지션에 두면 좋을지 냉정하게 결론지을 수 있는 것이다. 괜히 회사에서 인턴십과 계약직을 두는 게 아니다. 일단 회사에서 일할 만한 기본 자격은 갖췄으니 채용을 하지만, 평생 함께할 정규직을 뽑는 데 신중한 건 다 이유가 있다.

같은 이유로, 사람을 만나고 관계를 발전시키는 것만큼 나중에 결국 '이 사람은 아니구나' 하는 결론이 났을 때 단호해지는 것도 중요하다. 그제야 선을 그을 사람은 확실하게 선을 긋고, 자를 사람은 자를 수 있어야 하는 것이다. 누군가는 이를 더러 정 없고 냉정하다며 욕하겠지만, 어쩌랴. 그것이 명확한 기준을 가지고 관계를 만들어가는 가장 건강한 방법일진대.

많은 사람을 경험해본 이들은 말한다. "사람은 다 똑같다"고. 아무리 좋아 보이는 사람도 자세히 들여다보면 모난 부분이 있기 마련이고, 아무리 잘난 사람이라도 결정적인 순간에 부족한 모습을 드러내기도 한다. 하지만 수많은 사람 중에서 예외적으로 누구를 만나도 마음을 편하게 해주고, 상대의 기대를 저버리지 않는 특별한 사람이 존재한다. 대부분의 사람이 호감을 가지고 누구에게든 잘 통한다는 느낌을 주는 예외적인 케이스, 바로 '적응력이 좋은 사람'이다.

관계란 각자의 모난 부분이 퍼즐처럼 맞춰질 때 만들어진다. 그러나 모양이 똑같은 사람은 없으니, 가까워질수록, 알면 알수록 맞춰지지 않는 부분이 생기게 된다. 그래서 초기에는 다들 잘 지내다가, 시간이 지나면 멀어지는 일이 많은 것이다. 그런데 적응력이 좋은 사람은 좀 다르다. 자신의 모난 부분을 깎아가며 상대와 맞출 줄 안다. 둘 사이가 삐걱대기 시작할 때, 혹은 애초에 그렇게 되기도 전에 상대의 스타일에 '적응'을 해버린다. 그래서 안 맞는 점이 있어도 맞춰갈 수 있고,

오해가 생겨도 풀어갈 수 있고, 감정이 식어도 다시 살려낼 수 있다.

사실 적응력이라는 게 참 애매하다. 원래 사람은 모두 적응하는 존재인데, 그중 특출난 걸 어떻게 구분하라는 걸까. 솔직히 말하면, 일단 문제가 터져봐야 알 수 있다. 그들의 진가는 위기가 닥쳤을 때 빛을 발하니까.

만약 당신이 여행을 떠났는데 계획이 크게 어긋난 상황이라 가정해보자. 이때 적응력이 좋은 사람은 툴툴대며 누구에게 책임이 있는지 따지기보다는, 바뀐 상황에 빠르게 대처하고 유연하게 다른 방법을 찾으려고 할 것이다. 한탄하고 불만을 표출하는 것보다 그 상황을 받아들이는 게 먼저인 셈이다. 배고파 죽겠는데 길을 잘못 들어 한참 돌아가야 할 때는, 보통 운전자를 책망하거나, 제대로 안내하지 않은 내비게이션을 탓할 때가 많다. 하지만 적응력이 좋다면 가방에 간식이 있는지부터 찾을 것이고, 없다면 지도 어플을 켜서 근처에 있는 편의점을 찾으려 할 수도 있다. 숙소나 식당을 미처 예약하지 못해 더 많은 금액을 지불해야 하는 상황이라도, 적응력 좋은 사람은 빠르게 수긍한다. 어쩔 수 없다면서 쿨하게 돈을 더 내거나, 바로 예약 어플을 켜서 더 저렴한 다른 곳이 있는지 찾아볼 것이다.

새로운 사람들을 소개받는 자리에서, 그 사람들이 자신에게 짓궂은 장난을 치거나 심지어 무례하게 구는 상황이라면 어떨까. 이런 상황에서는 순간적으로 표정이 굳어버리거나 빨리 그 자리를 끝내려고 해도 전혀 이상하지 않다. 하지만 그러지 않고, 오히려 여유로운 태도로 "아직, 분위기 적응이 안 됐어요. 분위기 적응 좀 할게요!", "내가 타격감이 좋지", "친구분들이 내가 긴장할까 봐 자꾸 분위기를 풀어주려고 하시네"라는 식으로 받아치면 어떨까. 그 분위기에 빠르게 적응해 나름 상황을 부드럽게 풀어보려고 시도하는 것이다. 물론 그 자리가 끝나고 난 후, 그 사람들이 별로였다고 욕하는 건 상관이 없다. 그 자리에서 어떻게 분위기에 적응하고 대처했느냐가 중요한 것이니까. 상황 자체는 충분히 기분 나쁠 수 있는 것이다.

이렇게 예기치 않은 상황에도 빠르게 적응하고 새로운 방법을 찾으려는 모습. 절망적인 상황에도 무너지지 않고 어떻게든 긍정적인 부분을 찾아내는 것. 이것이 바로 적응력이 좋은 사람이 보여주는 전형적인 모습이다. 누군가를 오래 만날수록, 깊은 관계가 될수록, 이러한 적응력은 어마어마한 힘을 발휘한다.

> 모든 감정과 상황은 변하기에,
> 적응하지 못하는 이는 과거에 남고
> 받아들일 줄 아는 이는 미래를 함께한다.

욕심과 양보의 공존

다들 머리로는 인생이 기브앤테이크Give&Take라는 사실을 알고 있다. 가르마처럼 딱 5:5로 나눌 수는 없지만, 대체로 가는 게 있으면 오는 게 있고, 가는 말이 고와야 오는 말이 고운 것이 진리다. 그래서 상대에게 주는 것 이상으로 욕심을 부리면 손절당하는 것도 당연하다. 반대로 내가 받는 것 이상으로 무언가를 주면 호구가 되는 것도 자연스러운 것이고. 다 자기 업보이다.

그런데 이게 반대가 되면 이상함을 느끼지 못하는 사람이 많다. 과하게 욕심부리는 사람에게 손절은커녕 휘둘리기나 하고, 오히려 지나치게 퍼주는 사람을 깔보기도 한다. 사실 둘을 대하는 태도가 바뀌어야 하는데도 말이다. 결국 가장 건강한 관계는 가르마 같은 사이다. 머리카락 몇 올의 오차는 있더라도, 5:5 정도로 서로 주고받을 수 있는 사이. 그래야 서로의 이용가치가 오랫동안 유지될 테니 말이다.

그러면 나와 가장 잘 맞는 사람을 찾는 것도 어렵지 않다. 내가 욕심을 부리고 싶은 부분을 상대가 양보하거나 채워줄 수 있다면, 그 사람은 내 영혼의 단짝이다. 반대로 내 쪽에서 양보하거나 채워줄 수 있는 부분을 마침 딱 상대가 바라고 있다면, 나를 소울메이트로 여길 것이다. 나는 이런 관계를 '밸런스가 잘 맞는다'라고 표현한다.

이런 관계는 비단 1:1 관계에서만 해당되는 게 아니다. 대기업에 다니는 지인 D는 넓은 인맥을 자랑하는 형이다. 당시 여자를 만나는 데만 관심 있던 나와는 달리, 그 형은 주위에 돈 많고 유명한 사람들과 꽤 잘 어울리고 다니더라. 그래서

사랑받는 이기주의자

"형은 평범한 회사원인데, 어떻게 그럴 수 있냐"고 물었더니, 피식 웃으며 대답해주었다. 보통 잘나가는 그룹은 4명이 조합을 이루는데 각각 돈 많은 형, 연예인, 발 넓은 인맥왕, 나머지 하나는 자기처럼 그 사이에서 윤활제가 되어주는 재밌는 동생이라고. 그럼 같이 놀 사람도 많고, 돈 걱정 없이, 가장 잘나가고, 주목받으면서 놀 수 있다고 하더라.

　사람은 혼자서는 무엇을 해도 한계가 있다. 돈만 좇으면 건강이 상하고, 외모만 좇으면 내면적으로 취약해진다. 앞서 포지셔닝에서도 누누이 말했듯, 많은 사람과 어울리면 그만큼 깊은 관계가 부족해지기도 한다. 그러다 보니 혼자서 모든 걸 다 해낼 수 없다는 것을 받아들이는 게 정말 중요하다. 그래야 무엇을 제대로 취할지, 무엇을 확실하게 내어줄지 결정하는 게 쉬워질 테니까. 진정한 욕심과 양보의 밸런스를 맞출 수 있는 것이다. 이것이 가능한 사람을 만나면 그 사람이 어느 누구이든, 어떤 상황에서든 윈-윈Win-Win할 수 있는 사이가 된다.

관계의 공식

: 나와 안 맞는 사람과
   잘 만나는 4단계 방법

나에게 딱 맞는 사람만 만날 수 있을까? 살다 보면 안 맞는 사람과도 관계를 맺어야 한다. 안 맞는 사람과 안 만나면 좋겠지만 그럴 수 없다는 걸 알지 않는가.

싸움을 두려워하지 않기

아무리 내가 싸우기 싫어도 싸워야 하는 순간을 맞닥뜨리면 회피해서는 안 된다. 솔직히 안 맞는 사람과 안 맞는 부분을 맞춰나갈 수는 없다. 맞춰나가려 한다면 그게 싸움의 시작이다. 내 마음이 어떤지 표현하기 위해서 말하다 보면 싸울 수밖에 없게 된다. 나의 마음을 상대가 눈치채고 알아봐준다면 다행이지만, 그건 불가능하다.

일단 문제가 생기면 터트려야 한다. 문제를 꽁꽁 싸매고 있으면 안 된다. 곪아 터지기 전에 부딪쳐야만 한다. 싸우지 않는 관계라는 건 한쪽이 참다가 결국 곪아버리는 것이다. 그 전에 안 맞는 부분을 터뜨려서 부딪쳐야 한다. 서로 터놓고 이야기하다 보면 서로 양보할 부분은 양보하고, 서로 이해해줄 부분은 이해해주게 된다.

안 맞는 부분을 대화로 풀기 위해 이야기를 꺼내면 단어 하나하나에 기분 나빠하면서 내용은 듣지 않고 꼬투리 잡기에만 급급해 대화가 진전되지 않는 경우도 있다. 이런 소모적인 행동으로 의미 없이 다투게 될 때는 어떻게 해야 할까? 다음에 나오는 단계가 필요한 시점이다.

협상 포인트 찾기

내가 원하는 걸 제안하고 상대가 일방적으로 들어주는 것을 협상이라 생각하는 사람이 많다. 하지만 협상은 일방적으로 한쪽만 이득을 볼 수 없다. 둘 다 손해와 이득을 공유해야 한다. 대신 최대한 둘 다 덜 손해 보는 쪽으로 조율하는 것이 협상이다. 예를 들어 거리가 멀리 떨어진 사람들끼리 약속을 잡을 경우 '딱 중간 지점에서 만나는 것'이 가장 이상적이지만, 너무 정이 없어 보인다. 이럴 때는 덜 바쁜 쪽이 바쁜 쪽한테 가주는 것이 좋다. 대신 밥은 바쁜 사람이 사거나 더 많이 보태면 되는 거니까. 서로 리스크를 공유하며, 가장 중요한 걸 얻는 것이다.

실수 삼진아웃제

똑같은 실수를 반복하는 사람이 있다. 그럴 때는 3번까지는 용서해주자. 사람은 절대로 한 번에 고쳐지지 않으니까. 최소한 3번은 이해해줘야 바뀔 기회를 충분히 주면서, 동시에 가까운 관계를 유지할 수 있는 것이다. 대신 부드러운 태도로 실수한 부분을 용인했다는 사실만 확실하게 언급해주어라. 사람은 실수했을 때 그걸 인지하지 못하는 경우도 많으니까. 이때 주의할 부분은 "벌써 두 번째"라느니, "마지막 기회"라느니 감시하듯 이야기하지는 않아야 한다. 만약 실수를 하는 빈도가 줄어들거나 강도가 약해지는 게 보인다면, 조금씩이라도 좋아지려는 여지가 생기는 것이다. 이럴 때는 3번이 아니라 10번도 이해해줘도 괜찮다.

사후 정산은 필수, 칭찬봇이 되자

관계가 잘 유지된다고 하더라도 종종 '정산'해주지 않으면 나중에 변하기 전의 태도로 돌아갈 수도 있다. 그럼 다시 똑같은 문제가 터질 수도 있는 것이다. 인간은 언제나 같은 실수를 반복하고 망각하는 동물이니까. 그러니 주기적으로 '칭찬봇'이 되어보는 것도 좋다. "이 부분 정말 잘 지키네", "이렇게 해주니까 너무 행복해" 등. 이런 소리를 들으면 으쓱해지면서도, 다시금 자신의 변화를 인지하기 때문에 계속 좋은 태도를 유지하게 된다.

지금은
입을 다물어야 할 때

말보다 중요한 건 센스

인간관계에 약한 사람은 상대를 지나치게 단순한 존재로 바라보는 경우가 많다. 특히 내가 하는 '말'에 상대가 어떻게 반응할지, 어떤 영향을 끼칠지 너무 일차원적으로 생각한다.

> '이런 말을 하면, 나를 싫어하겠지?'
> '칭찬해주면, 당연히 좋아하겠지?'
> '이 말을 하면, 재밌어하겠지?'
> '나도 아는 건데, 쟤는 당연히 알아듣겠지?'

슬프게도 아니다. 언어만으로는 메시지가 제대로 전달되지 않는다. 말에 담긴 내용만큼이나 분위기, 타이밍, 입장 차이 같은 것들도 중요하니까. '화술'이라는 분야가 따로 존재하는 것도 이 때문이다. 그럼에도 사람들은 그저 '너를 위하는 식으로 말해주면 되겠지', '좋은 말만 잔뜩 해주면 되겠지', '무시나 비난만 안 하면 되겠지' 하며 단순하게 생각한다. 그러니까 그들에게는 인간관계가 어려운 것이다. 내가 하는 말을 상대가 제대로 알아 듣지 못하거나, 오해하는 경우를 계속 경험하면서 말이다.

그래서 필요한 것이 '대화 센스'이다. 내 입장에서는 아무리 맞다고 느껴지더라도, 상대가 못 알아들을 것 같은 말은 하지 않는 것. 입을 다물어야 할 때는 다물고, 모른 척 넘어가줘야 하는 여러 가지 것들. 그것을 아느냐 모르느냐에 따라 대화 센스가 결정된다고 할 수 있다.

모른 척한다고 정말 모르는 건 아니다

사람들의 생각이 모두 다 일치할 수는 없다. 때문에 절대 상대의 심기를 거스르는 말을 하면 안 되는 건 아니다. 사실 짓궂은 장난을 치거나, 비속어를 덧붙여서 말을 하거나, 상대의 단점에 대해 솔직하게 이야기한다거나, 다른 누군가와 비교하는 말을 할 수도 있는 것이다. 관계에 미숙한 사람들은 이런 것조차 절대 하면 안 되는 금기로 여기기도 하지만, 상황에 따라서는 가끔 꺼낼 수도 있는 이야기 아닌가. 눈치 없이 계속 그러지만 않는다면, 실제로 그렇게 한다고 해서 관계가 소원해지지는 않는다. 하지만 이와 달리, 그 어떤 상황에서도 웬만해서는 하지 말아야 할 말이 있다.

"그래서 어쩌라고?"
"됐어. 그만해!"
"몰라. 잘 모르겠어."

다들 살면서 이런 말을 한 번쯤은 해보았을 것이다. 특히 어떤 문제가 생겼거나 갈등 상황일 때, 이런 '모르쇠 발언'이 나오는 편이다. 하지만 이건 오히려 문제를 더 키우는 꼴이 된다. 이런 말을 하는 심리는 두 가지이다. 아무 생각 없이 내 마음대로 하고 싶어서 회피하거나, 상대에게 지기 싫어서 고집을 부리는 것이다. 문제는 어느 쪽이 되었든 원하는 목적을 달성할 수가 없다는 것.

먼저 그냥 내 마음대로 하려고 그러는 거라면 문제가 심각하다. 서로 마음이 잘 맞고 좋을 때야 마음 내키는 대로 해도 되지만, 둘 사이에 문제가 생겼다는 것은 하고 싶은 대로 했는데 관계가 잘 안 풀린다는 것이 아닌가. 그럴 때조차 나 하고 싶은 대로 하려고 모르쇠로 나간다면, 마치 타조가 땅에 머리를 박고 사냥꾼이 지나가길 기다리는 것과 같은 수준이다. 감정의 골은 더욱 깊어질 수밖에 없다.

관계를 시작하기는 쉬운데, 유지하기를 어려워하는 사람이 보통 이런 태도를 보이는 경우가 많다. 좋을 때는 '그냥 넘어가' 식의 태도가 쿨한 매력으로 통할 수 있다. 하지만 관계가 좋지 않을 때는 '그냥 넘어가'가 통할 리 만무하다. 상대는 점점 나를 말이 통하지 않는 사람으로 생각하고, 더 깊은 관계로 발전하기를 꺼리게 된다.

만약 지기 싫어서 기싸움하는 심정으로 모르쇠 발언을 한 거라면, 반은 성공한 것이다. 상대의 속이 부글부글 끓을 테니까. 그런데 문제는 남는 게 전혀 없다는 것이다. 상대를 화나게 해서 대체 내가 얻을 수 있는 게 무엇인가. 분명 약 올라하는 모습을 보면 속은 시원하겠지만, 그게 전부 아닌가. 기싸움의 목적은 관계의 주도권을 잡는 것인데, 그러기 위해서는 상대가 나를 '싸워야 하는 대상'이 아니라 '존중할 수 있는 대상'으로 느끼게 만들어야 한다. 그런데 냉담하게 '됐고', '모르겠고' 하며 고집을 부린다면, 말이 통하지 않는 사람으로 여길 뿐이다. 이겨도 이긴 게 아닌 것이다. 결국 그 사람이 나를 무시하게 두는 것밖에는 안 된다.

만약 정말 할 말이 생각나지 않는다면, 모르쇠 발언을 하느니 차라리 "생각 좀 정리할게. 잠깐만" 하며 잠시 그 상황을 유예해보자. 확실하게 대답하지 않는다는 사실은 같지만, 오히려 '생각이 깊고, 신중한 사람'이라는 정반대의 모습으로 보일수 있다. 그렇게 잠시 소강상태를 만든 후, 어떻게든 생각을 정리해서 이성적으로 대화를 시도하는 것이 낫다. 그동안 상대도 감정을 가라앉혔을 테니, 나의 이야기에 더 귀 기울여줄 것이다.

저는 바보입니다

정말 대답하기 곤란하거나, 문제를 회피하고 싶을 때는 차라리 '제대로 모른 척'을 하는 것도 하나의 전략이다. 앞서 말한 모르쇠 발언과 달리, 진짜처럼 보이도록 제대로 영혼을 담아 혼신의 연기를 펼치는 것이다.

> "아, 진짜요?"
> "와, 정말?"
> "오, 그럴 수도 있겠구나!"

티 나게 모른 척하면 싸가지가 없는 거고, 전부 모르면 바보인 거지만, 어쩌다 한 번씩 모르는 건 인간적인 모습으로 보인다. 게다가 '모르겠으니까, 계속 모를래'가 아니라 '지금까지는 몰랐지만, 이제부터는 노력해볼게'라는 태도를 겸비한다면 상대 입장에서 나를 마냥 미워할 수는 없을 것이다. 정말 몰랐다는데 어쩌겠나. 나는 이러한 태도를 '바보 모드'라 부른다.

상대의 말을 거스르고 싶은데, 대놓고 싫다고 하기가 곤란

할 때 이렇게 바보 모드를 켜보자.

상대 : 저번에 내가 그렇게 하지 말라고 했잖아!
나 : 아, 맞다… 그랬었지….

자꾸 뭔가를 같이 하자면서 부담을 줄 때도 유용하다.

상대 : 이거 진짜 좋은 주식이야. 무조건 사야 돼!
나 : 와, 고마워! 그런데 주식 너무 어렵다…. 복잡해.

과도한 업무를 받았는데, 할 시간이 부족할 때도 써먹을 수
있다.

상대 : 이건 왜 빼먹었어?
나 : 아! 이것도 오늘까지 하는 거예요?
상대 : 하… 내가 이것까지 하라고 했잖아요!
나 : 몰랐네요. 죄송합니다…. 내일까지 하겠습니다.

상대가 뒷담화를 함께 해주길 원할 때가 있다. 이때 내가

굳이 거기에 참여하지 않으면서, 상대를 서운하지 않게 할 수
도 있다.

상대 : 걔 별로지 않아?
나 : 아 진짜? 뭐가?
상대 : 저번에 이랬잖아. 어이없지 않아?
나 : 오~ 그렇구나. 몰랐네!

반대로 내가 뒷담화를 하고 싶지만, 주동자가 되긴 싫을 때
쓸 수도 있다.

나 : 걔가 저번에 이렇게 말하던데?
상대 : 진짜? 걔 완전 별로다.
나 : 응? 그게 왜? 그럼 안 되는 거야?
상대 : 당연하지! 바보야~

내 욕망대로 하고 싶은데, 눈치가 보일 때도 가끔 써먹자.

상대 : 너 혼자 닭다리 2개 홀랑 다 먹었네?

말이라도 하고 먹지.

　　나 : 어? 너 저번에 퍽퍽살 좋아한다고

　　　　하지 않았어? 미안….

고백건대, 사실 나는 아내에게도 이렇게 한 적이 있다. 플라스틱 배달용기를 설거지해서 버려야 한다는 사실을 알고 있었지만, 너무 귀찮았다.

　　아내 : 왜 이렇게 버렸어?

　　　　이거 설거지해서 버려야 돼!

　　나 : 진짜? 그건 몰랐네. 다음엔 꼭 그렇게 할게.

물론 사람들도 바보가 아니기 때문에, 바보 모드를 너무 자주 사용하면 안 된다. 평소에는 멀쩡하게 잘 지내다가, 가끔 필요할 때만 써먹어야 효과가 확실하다. 안 걸리면 인간미, 걸리면 밉상이 되는 기술이라 할 수 있다.

침묵의 놀라운 효험

원래 사람은 상대를 잘 알고 있다고 느끼게 되면, 자기도 모르게 그 사람을 만만하게 보는 경향이 있다. 반대로 아직 잘 모르는 부분이 있다고 생각하면, 그 여백이 뭔지 모르겠으니 함부로 대하지 않는다. 세상에서 가장 소중한 '가족'이라는 존재를 오히려 가장 만만하게 여기며 막 대하는 경우도 이 때문이다. 그런 가족의 소중함을 깨닫게 되는 건, 서로 떨어져 살기 시작하거나 잃어버릴 위기에 처했을 때뿐이지 않나.

하물며 완전한 타인끼리 만나는 관계라면 오죽할까. 더 쉽게 만만해지고, 단편적인 모습만으로 나를 다 안다고 단정 짓는 경우가 많다. 그러니 가족이나 연인이 아닌 이상 '매 순간' 나의 모든 걸 보여주어야 한다. 계속 나에 대한 모든 걸 보여주려고 애쓸수록, 상대는 금세 나를 궁금해하지 않게 된다. 실제로 그 모습이 나의 전부이든 아니든 말이다.

사람의 이미지는
뭔가를 보여줄 때뿐만 아니라,

사랑받는 이기주의자

뭔가를 보여주지 않을 때도 만들어진다.

상대에게 할 얘기가 끝났으면, 적당히 입을 다물도록 하자. 침묵하며 묵묵히 상대를 바라보거나, 즉각 상대가 하는 말을 들어주는 포지션으로 전환하자. 좀 어색한 침묵이 생기면 어떤가. 그러면 상대는 그렇게 '적당히 보여줄 모습만 보여준' 나에 대한 이미지를 알아서 좋게 포장하게 된다.

특히 사람들이 많이 하는 실수가 있는데, 바로 '반복적으로 어필'하는 것이다. 혹여나 내가 한 말을 상대가 알아듣지 못했을까 봐 자꾸 보충설명을 덧붙인다. 그 사람이 못 알아들었거나 더 알고 싶은 게 있다면, 알아서 더 질문을 할 것이다. 그런데 내가 어필하고 싶은 마음이 큰 나머지 굳이 묻지도 않은 이야기를 계속 덧붙인다면, 내가 하는 말의 값어치가 떨어진다. 아무리 좋은 얘기를 해도, 애써서 어필하려는 느낌이 드니까 오히려 흥미를 잃게 되는 것이다.

마찬가지로 나의 말에 상대가 좋은 반응을 보여줬다고, 신나서 같은 내용을 반복해서 말하는 것도 금기다. 좋은 반응이

나왔다면 거기서 딱 깔끔하게 끝내자. 굳이 더 기분을 내고 싶어서 똑같은 말을 반복하면, 사람 자체가 많이 가벼워 보인다. 애정결핍처럼 보이기도 하고, 친구가 없어 보이기도 한다. 전반적으로 사람이 결핍되어 보이는 것이다.

사실 이것은 연애에서 애정표현을 할 때도 마찬가지다. 매일 쉬지 않고 "사랑해", "사랑해!", "나 사랑해?"라고 반복한다면, 상대는 입력된 소리를 내는 곰인형이 되는 기분이 들 것이다. 게다가 '사랑한다'는 말이 더 이상 특별하지 않게 되고, 진정성까지 사라지게 된다. 사랑한다는 말을 하지 않는다고 사랑하지 않는 것이 아니고, 애정표현이 의무가 되는 순간 오히려 사랑이 식어버릴 수 있다는 걸 꼭 기억하길 바란다.

> 말의 가치는
> 입을 열었을 때가 아니라,
> 입을 닫은 후 결정된다.

리액션은 스피드퀴즈가 아니야

상대의 말에 지나치다 싶을 정도로 **빠릿빠릿**한 리액션을 하는 사람이 있다.

> "아, 네!"
> "오, 맞아요!"
> "아니, 그게 아니라 이렇게 했어요."

상대에게 집중하고 있다는 걸 보여주거나, 대답할 말이 바로 떠오를 정도로 두뇌회전이 빠를 때 나타나는 행동이다. 하지만 그런 긍정적인 이유와 상관없이, 이런 행동은 나에게 독이 된다. 상대 입장에서는 깊게 생각하지 않고 성급하게 대답하는 거로 보이거나, 그 사람의 눈치를 보는 조급함으로 여겨질 수 있기 때문이다. 그러면 아무리 괜찮은 리액션을 해주었더라도, 자칫 나를 만만한 사람으로 느낄 수 있다.

◆ 만만한 사람으로 느껴지는 리액션
"너 밥 먹었어?"

"(냉큼) 응. 아까 먹고 왔어."

그렇다고 빠르게 반응을 '안 해야겠다'라고 의식하면, 오히려 내 행동이 어색해질 것이다. 혹은 내가 대화를 하는 것에 답답함을 느낄 수도 있다. 이때 필요한 것이, 리액션을 하기 전에 '동작 하나'를 추가하는 것이다. 대답하는 데까지 시간 차를 두는 것이다.

◈ 동작을 추가한 리액션

"너 밥 먹었어?"

A. (생각하는 척 다른 데를 한 번 쳐다봤다가) 응. 아까 먹고 왔어.

B. (의자 등받이에 기대고 나서) 응~ 아까 먹고 왔어.

C. (씩 웃으며) 응. 아까 먹고 왔어.

이런 담백한 동작이 더해지는 것만으로도 조급한 느낌이 사라진다. 오히려 느긋해 보일 수도 있다. 게다가 동작을 바라보는 상대가 오히려 내 말에 더 집중하는 효과까지 생긴다.

학창 시절 학생들을 혼내던 선생님들을 떠올려보자. 평소에 쫑알쫑알 잔소리를 하는 선생님은 만만하고 성가신 느낌이 든다. 하지만 엄한 표정을 한 채(동작 추가), 뒷짐을 진 후(동작 추가), 따끔하게 한 마디만 던지는 선생님은 어떤가. 괜히 더 무섭게 느껴진다. 같은 말을 하더라도 더 무게가 있어 보이고, 위엄 있어 보이니까. 이것이 평범한 말을 하더라도, 왠지 만만하게 볼 수 없는 사람들이 많이 하는 행동이다.

관계의 문장

: 관계의 성장을 위한 한마디

"누구에게나 친구인 사람은, 어느 누구에게도 친구가 아니다."

— 아리스토텔레스

"모두에게 친절하되, 소수와 가까워지고, 그 소수를 신뢰하기 전에
먼저 시험해보라. 진정한 우정이란 천천히 자라는 식물과 같다.
이름을 지어주기 전에 역경을 겪고, 이겨내야만 한다."

— 조지 워싱턴

"관계는 풍요를 더 빛나게 하며, 풍요를 나누고 공유하면
역경이 줄어든다."

— 키케로

"인생에서 인간이 가질 수 있는 모든 것은 가족과 친구가 전부이다.
이들을 잃게 되면 인생에서 아무것도 남지 않는다."

— 트레이 파커

사랑받는 이기주의자

그 친구가 싫어서 사귀어볼 생각이야.

그 친구에 대해 좀 더 알아야 할 것 같아서.

— 에이브러햄 링컨

사랑받고 싶다면 사랑하라. 그리고 사랑스럽게 행동하라.

— 벤저민 프랭클린

사람을 대할 때는 불을 대하듯 하라.

다가갈 때는 타지 않을 정도로,

멀어질 때는 얼지 않을 만큼만.

— 디오게네스

나의 가치와 외부의 평가에서 길을 잃지 않으려면,

내가 어떤 사람인지 누구보다 제대로 알아야 한다.

— 쇼펜하우어

모든 사람을 품을 수 없기에
모든 사람에게 사랑받을 필요 없다.

3 　 그 사람은
　 재활용하지 마세요

왜 이렇게
사람 보는 눈이 없을까

쓰레기 컬렉터 탈출하기

"네가 뭐가 아쉬워서 그런 사람을 계속 만나?"

이런 소릴 한 번이 아니라 여러 번 들어봤다면, 어쩌면 당신은 사람 보는 눈이 없는 편일 것이다. 그리고 아마 높은 확률로 이런 변명 또한 자주 했겠지.

"그것 말고는 다 괜찮아."
"알고 보면 걔도 좋은 면이 많아."
"요즘에 좀 그런 것뿐이지… 원래 그런 사람은 아냐."

조언 같은 잔소리, 잔소리 같은 조언을 좀 하겠다. 주위 사람들에게 '매번 해명을 하게 만드는 사람'은 절대 좋은 사람이 아니다. '핑계 없는 무덤은 없다'는 속담처럼 다들 변명거리는 있기 마련이고, '알고 보면 나쁜 사람은 없다'는 말처럼 다들 그럴 만한 사정이 있겠지. 중요한 건 '결론'이다. 그래서 어떤 행동을 했는지, 결국 무엇을 선택했는지, 지금 그 사람과 함께 하는 나는 행복한지 또는 불행한지 같은.

과정은 얼마든지 과장과 거짓, 기만으로 포장할 수 있다. 그러나 결과는 절대 거짓말할 수 없다. 그러니 괜찮은 사람이라고 어필하기 위한 해명·변명·부가설명 같은 자질구레한 옵션이 필요하다면, 그 사람은 절대 좋은 사람이 아니다. 냄새 나는 물건을 포장한다면, 포장지에까지 냄새가 배기 마련. 그런 사람을 계속 만나면 나까지 악취를 풍기게 된다. 그래서 보통 문제 있는 사람과 잘 지내는 사람을 보면, 계속 어딘가 문제 있는 사람을 반복해서 만나는 걸 볼 수 있다. 일명 '쓰레기 콜렉터'라고 불리는 이들이다.

만약 이 단어를 듣고 가슴 한구석이 콕콕 찔린다면, 이를 꽉

깨물고 단호해지시라. 습관처럼 또 비슷한 사람을 찾기 쉽겠지만 이제는 벗어날 용기가 필요한 때다. 내 마음에 잔뜩 묻은 땟국물을 벅벅 닦고, 뜨거운 물을 한 바가지 뒤집어써야 한다. 쓰레기를 모아봤자 쓰레기통이 될 뿐이다. 그러니 이제라도 깨끗하고 향기로운 사람들 사이에서, 좀 어색하더라도 적응해가야 한다. 진짜 마음 아프지 않고, 오롯이 행복하기 위해서.

립서비스는 공짜가 아니다

나이가 어릴수록 사람을 고를 때 '말을 예쁘게 하는 사람'을 선호한다. 이유는 참 단순하다. 말을 예쁘게 하는 사람 옆에 있으면 기분이 좋거든. 그런데 왜 '나이가 어릴수록' 그런 것일까? 순수한 마음을 간직하고 있기 때문에? 반은 맞는 소리일지도 모른다. 마음이 순수해 아무것도 몰라서 그러는 거니까.

안타깝게도 말을 예쁘게 하는 사람일수록, '말뿐인 사람'일 확률이 높다. 말을 포장하는 데만 집중하고 정작 행동을 하는 데 별로 에너지를 쏟지 않기 때문이다. 그렇다. 앞서 말한

MP(정신력)의 한계 즉 정신력 총량의 법칙을 이야기하는 거다. 상대가 흡족할 만큼 예쁜 말을 하는 것도 쉬운 일은 아니지 않나. 그걸 해낼 수 있다는 건, 정작 진짜 행동으로 실천할 힘을 남겨두지 않은 것이다. 슬픈 건, 반대로 완벽하게 실천할 줄 아는 사람은 예쁘게 말할 힘이 남지 않은 경우가 대부분이라는 사실. 그래서 진짜 괜찮은 사람은 말을 마냥 예쁘게 하지 못해 사람들이 알아보지 못할 때가 많다. 반대로 말만 번지르르한 이들만 다른 사람들 눈에 띄는 거지.

게다가 원래 사람은 작정하고 거짓말을 하지 않더라도, 자기가 하는 말의 무게를 모르고 쉽게 말을 뱉을 수 있다. 낭만에 사로잡혀 현실을 똑바로 보지 못할 때, 그 말을 하는 순간에만 진심이라고 생각할 때. 그러고는 금세 말을 바꾸기도 한다.

내가 친구에게 "로또 1등 당첨되면, 너한테 1억 줄게"라고 호기롭게 '말'했더라도, 정말 당첨이 됐을 때 1억을 안 줄 수도 있는 것 아닌가. 법적으로도 '구두 계약'의 효력이 꽤히 약한 게 아니다. 그걸 녹취하거나 서류로 작성한 증거가 있어야만, 그나마 힘이 생길 수 있는 거지.

"말은 그렇게 했는데, 막상 해보니 잘 안 되더라."

"생각보다 쉽지 않네."

"하려고 했는데, 상황이 따라주지 않았어."

이런 '말'로 순식간에 뒤집어버릴 수 있는 게 예쁜 '말'의 실체이다. 진짜 말의 무게를 알고, 그 말을 실천하기 위해 철저하게 따져본 뒤 말을 하지 않고, 일단 말부터 뱉는 게 더 빠르고 편하니까. 그래서 다 괜찮을 것처럼, 다 해줄 것처럼, 다 잘할 것처럼 일단 말부터 뱉고 보는 사람이 많은 것이다. 당연하게도, 그 말에 다 책임지는 사람은 거의 없다고 보면 되는 거고.

물론 정말로 자기가 한 말을 잘 지키는 사람도 있다. 하지만 사람의 본능은 편리한 걸 더 선호하기 때문에, 하기 어려운 '행동'보다는 하기 쉬운 '말'부터 앞서는 사람이 더 많을 수밖에 없다. 특히 자기 객관화가 안 되는 사람일수록, 현실보다 자신을 높게 평가하고 섣불리 아무 문제 없을 것처럼 얘기하는 경우도 많고. 그러니 '나는 ~한 사람이야', '나는 ~할 거야'라는 말을 그대로 믿다가 상처받으면, 절반은 내 책임이다. 신중하게 판단하지 않고, 그 사람 말을 곧이곧대로 믿어버린 것 또한,

사랑받는 이기주의자

내 방식대로만 편리하게 생각한 나의 선택이니까.

> '그럴 만한 사람'에게 믿음을 주면
> 사랑으로 돌아오지만,
> '아무에게나' 믿음을 주면 아픔만 돌아온다.

그렇다고 '세상에 믿을 사람 하나 없어~', '사람들은 다들 나를 이용하려고만 해'라는 염세주의에 빠지지는 말자. 좀 어려울 수도 있지만, 그 사람이 말을 하는 '내용'을 보는 게 아니라 '그 말을 하는 행위'를 보라는 것이다. 예를 들어 "나는 누구를 만나든 잘해주려고 노력하는 편이야"라는 말을 들었다면, '애는 잘 해주려고 노력하겠구나'가 아니라 '잘해주고 노력하는 사람인 걸 어필하고 싶은 거구나'로 받아들이면 된다.

하향 지원도 습관이다

사람 사이에는 '공의존共依存(서로 의존하는 마음)'이라는 개념이 있다. 서로의 부족한 면을 공유하면서, 서로가 없어서는 안 되는 '의존적인 관계'가 되는 것이다. 이런 걸 안정적인 관계라고 착각하는 사람이 종종 있는데, 매우 위험한 생각이다.

이런 사람들은 어딘가 결핍되거나, 흠이 있거나, 심지어 불행해 보이는 사람만 골라 만나려 할 때가 많다. 그래야만 서로 부족한 면을 이해하고, 의지할 수 있을 거라고 생각한다. 반대로 독립적이고 주체적인 진짜 행복한 사람을 만나면 오히려 부담을 느끼고, 안정된 관계가 될 수 없을 거라 여기기도 한다.

자, 인간관계에 대해 조금이라도 진지하게 고민해본 적이 있다면, 이게 얼마나 말도 안 되는지 알 수 있을 것이다. 결국 좋은 사람을 만나서, 더 행복하기 위해 관계를 맺는 것이 가장 이상적인 것 아닌가. 불행한 사람끼리 친하게 지내봤자 불행만 더 커지고, 열등감 강한 사람끼리 만나봤자 그 안에서 또 열등감을 느낀다. 나보다 못한 사람을 만나는 것도 문제다. 나도 모르게 그 사람을 막 대하게 되고, 결국 그 사람은 지쳐 떠나가는 악순환이 반복된다. 그래서 서로의 부족한 면이 통해서, 그 부분을 채워주고 싶어서 시작한 관계는 첫 단추부터 잘못된 관계인 것이다.

그러니 스스로에게 자신감이 없어서든, 관계에 대한 불안감이 높아서든 '나는 이 정도 사람만 만나야지' 하며 타협해버리지 말자. '내가 아니면 안 될 사람'을 만나 일방적인 사랑을 받으려는 마음을 내려놓자. 단순히 외로움을 달래기 위해 적당히 만만한 사람만 골라서 만나지 말자. 그 관계는 절대로 행복할 수 없다.

결국 '서로의 좋은 면에 이끌려' 만나게 된 관계를 늘려가야 한다. 혼자서도 충분히 행복하지만 나를 만나 더 행복해질 수 있는 사람을 찾아보자. 물론 처음에는 쉽지 않을 것이다. 마냥 나를 아쉬워하는 사람만 만나다가, 별로 부족해 보이지 않는 사람을 만나게 되면 마음이 혼란스러울 테니까. 나 말고도 언제든 다른 사람과 잘 지낼 것 같아 괜히 서운해지고, 나 없이도 잘 사는 모습에 때로 질투도 느낄 것이다.

그러나 이건 여태껏 내가 '받는 사랑'에 너무 익숙해졌을 뿐, 이젠 '주는 사랑'의 즐거움을 알아야 한다는 뜻이다. 사랑은 '주고받을 때' 더 커진다는 당연한 사실을 경험할 차례라고 할 수 있다.

피학적 자극에 중독된다는 것

소위 '피학적 성향Masochism'을 가진 사람이 있다. 이것은 단순히 성적 취향에 국한한 것이 아니라, 정신적인 부분에도 나타나는 성향이다. 평범하고 안정적인 관계는 지루하게 느껴지고, 자신을 정신적·언어적·신체적으로 학대하는 사람이 주는 자극에 끌리는 것이다. 어떻게 그럴 수가 있나 싶지만, 우리 모두가 일상 속에서 경험하는 유사한 사례가 있다.

매운맛

매운맛은 맛이 아니라 일종의 고통이다. 우리가 그것을 느낄 때도 미각으로 느끼는 게 아니라 통각으로 느낀다고 하지 않나. 특히 한국 사람은 매운 국물을 먹을 때도 "얼큰하다~", "시원하다~"라고 긍정적으로 표현하기도 하고, 불닭볶음면 같은 매운맛에 도전하는 것에 자부심까지 느끼기도 한다. 라면, 떡볶이, 카레, 심지어 돈가스까지 가리지 않고.

매운 걸 잘 먹는 편인 나도 한때 거기에 빠진 적이 있다. 학창시절 아침 식사로 학교 앞에서 파는 핵폭탄맛 닭꼬치를 빈속에 먹기도 하고, 카레 전문점에서 항상 땀을 뻘뻘 흘려가며 가장 매운 단계 맛을 즐기곤 했다. 비명을 지르는 배를 움켜쥐고 우유 한 통을 '원샷'하면서 뿌듯함을 느끼기까지. 가히 중독자의 관점이라 할 수 있다. 하지만 나이가 들면서 점차 그것이 내 몸을 망가뜨리는 걸 느꼈고, 지금은 지나치게 매운맛은 자제하고 있다. 결국 더 맵고, 짜고, 자극적인 맛을 추구하는 것은 '매움'에 중독되어 스스로를 학대하는 것이니. 이런 사람은 순한 맛에는 도무지 반응하지 못한다. 오히려 건강한 맛을 맛없다고 거부하기까지 한다.

관계에서도 이런 매운맛에 중독된 사람이 많다. 예측 가능한 사람, 안정적인 사이, 편하기만 한 분위기를 지루해하며 끝없이 드라마틱함을 찾아다닌다. 일부러 그런 사람만 골라서 만나기도 하고. 계속 투닥거리고, 쉬지 않고 떠들며, 감정 기복 강한 사람과 가까이 지내기도 한다. 친구의 기준을 '나를 얼마나 즐겁게 해주느냐'로만 따지곤 한다. 그게 결국 내 정신을 학대하는 것인지도 모른 채, 어느새 그런 것들만이 나의 마음을 채운다고 믿는다. 그러면서 장기적으로 나를 건강하고 멀쩡하게 해줄 '순한 맛 사람들'은 다 떠나게 되는 것이다.

그러면 결국 마음이 지치는 순간, 심하면 피폐해질 때가 반드시 찾아오게 된다. 좋을 때는 그런 자극적인 관계가 마냥 즐거웠지만, 갈등이 생기는 순간 하나둘씩 막장으로 치달을 테니까. 연애 대상을 찾을 때도 마찬가지다. 나쁜 남자만 골라 만나는 여자, 어장관리녀에게서 못 헤어나오는 남자가 딱 이 꼴이다. 안정적인 사람에게 금방 지루함을 느끼고, 끊임없이 설렘을 찾아다니다가 상처만 남게 되는 것.

이런 악순환의 고리를 끊으려면, 중독을 치료하는 수준의 과정이 필요하다. 중독된 자극을 갑자기 끊으려고 할 때 금단 현상이 생기는 것처럼 금방 다시 자극을 찾게 마련이다. 갑자기 너무 건실한 사람들만 곁에 두려고 하면, 재미가 없다고 느끼면서 전에 만났던 해로운 사람들이 그리워지는 것이다.

그러니 완전히 끊지 말고 자극의 양을 서서히 줄여나가는 식으로 접근해보자. 그동안 마라탕에 빠져서 속을 다 버려놨다고, 갑자기 능이백숙 같은 사람만 만나지 말고, 얼큰국밥 정

사랑받는 이기주의자

도로 타협하라는 것이다. 양아치 수준까진 아니지만 적당히 날티(?) 나는 사람, 과거에는 많이 놀았지만 지금은 재미없는 삶을 사는 사람, 잘 놀긴 하지만 일정 선은 절대 넘지 않는 사람과 어울려보자. 그렇게 서서히 자극에서 벗어나는 것이다. 좀 노잼이면 어떤가? 좀 밍밍하면 어떤가? 결국 거기에 적응하다 보면, 누군가를 만날 때 자극이 전부가 아님을 깨닫게 될 것이다. 그럼 점차 건실하고 안정적인 사람들 위주로 내 주위가 채워지겠지.

대화 스킬 킥

: 나는 착한 사람일까, 호구일까
   어리숙한 대화는 이제 그만

매번 거절하지 못해 난감한 상황이 생기곤 한다. 단호하게 거절하지 못하거나, 거절할 이유를 찾지 못하거나, 타이밍을 놓쳤다면, 자세히 살펴보자.

"이번 조장도 네가 맡아서 해줘."
"이 보고서 좀 내일까지 써주세요."
"저랑 내일 알바 스케줄 좀 바꿔주세요."

이런 무리한 부탁에 "안 됩니다"라고 단호하게 거절할 수 있을까? 거절하기 어려운 이유는 남들에게 이기적으로 보이기는 싫고, 착한 사람이 되고 싶은 마음 때문이다. 상대의 부탁을 거절하면 나를 어떻게 생각할지 지나치게 의식한다. 그러다 보니 무리한 부탁을 계속 받게 되고, 혼자 감당할 수 없는 일을 도맡아 하는 경우도 종종 생긴다.

오히려 단호하게 거절하는 사람일수록 주체적으로 자기 신념이 있는 사람이라고 느껴져, 하찮은 부탁을 할 수 없는 사람으로 생각한다. 거절하면서 사과할 필요도 없다. 거절은 나의 권리이기 때문에 거절하는 이유를 설명하며 자신의 의사를 확실하게 밝히면 된다.

<u>상대의 요구</u> : 이번 조장도 네가 맡아서 해줘.
<u>거절의 답</u> : 다른 수업에서도 조장을 맡고 있어서, 이 수업에서까지 조장을 하기는 힘들겠어.

<u>상대의 요구</u> : 이 보고서 좀 내일까지 써주세요.
<u>거절의 답</u> : 제가 처리하고 있는 일이 곧 마감이라, 내일까지는 어렵습니다.

<u>상대의 요구</u> : 저랑 내일 알바 스케줄 좀 바꿔주세요.
<u>거절의 답</u> : 내일은 오래전에 정해놓은 선약이 있어서, 갑자기 스케줄 바꾸는 건 안 되겠어요.

좋은 사람인 척하는
기만자들

세상에 믿을 사람 없다더니

마음이 여린 사람이 평소에 부드러운 모습을 보여준다고, 무조건 선하다고 판단하면 안 된다. 그 사람은 막상 두려운 상황에 놓이면, 여린 마음에 사로잡혀 비겁한 행동을 할 수도 있으니까. 주관이 뚜렷한 사람이 평소에는 리더십과 자신감을 보여준다고 해서 무조건 좋게만 생각하면 안 된다. 의견이 부딪치는 상황에서는 자칫 독선적으로 변할 수도 있으니까.

이처럼 사람을 볼 때, 단편적인 모습으로만 판단해선 안 된다. 지금 보이는 좋은 모습이 나중에는 최악의 모습이 될 수도 있고, 당장 마음에 들지 않는 모습이 추후 나에게 도움이 될수도 있기 때문이다. 결국 사람의 모든 모습에는 '양날의 검'이라는 말처럼, 이중적 아니 다중적인 면이 있는 것.

문제는 이런 이중성을 활용(이용)해 사람들을 기만하고, 자기만 이득을 챙기는 사람도 있다는 것이다. 누가 봐도 좋은 사람처럼 굴지만, 이들과 가까이하면 할수록 이용당하기만 한다. 그리고 이용가치가 떨어지면 즉시 버림받는다. 나는 이들을 '기만자'라 부르는데, 솔직히 주변뿐만 아니라 연예인이나 유명인사 중에서도 이런 사람이 정말 많이 보이더라. 누구라고 딱히 특정하진 않겠지만, 부디 이걸 보는 당신은 거기에 기만당하지 않길 바란다.

근거 없는 낙관론자

매사를 긍정적으로 받아들이려는 태도가 나쁜 게 아니다. 어떤 것에서든 좋은 면을 찾는다는 것이고, 힘든 상황에서도 희망을 찾는다는 뜻이니까. 그러나 그게 정말 긍정적인 사람이

어서가 아니라, 긍정적인 사람으로 보이려 컨셉을 잡는 거라면 좋게 봐줄 수 없다. 내가 모르는 어떤 이득을 챙기기 위해, 소위 '감성팔이'를 하는 거니까.

이걸 구분하는 방법은 생각보다 간단하다. 그 긍정의 근거가 되는 이유나 논리가 존재하는지 살펴보는 것이다. 그런데 논리나 이유 없이 무턱대고 긍정적인, 뜬구름 잡는 '낙관론'만 펼치는 사람이 있다.

"넌 나한테 중요한 사람이야."
"난 딴 사람들보다 너네를 만날 때 제일 행복해."
"우리 진짜 인연인가 봐! 그런 느낌이 들어."
"우린 무조건 다 잘될 거야!"
"난 항상 네 입장부터 생각해."
"이유가 어딨어? 그냥 너의 모든 걸 다 사랑해."

예의상 혹은 가끔 친근함의 표현 정도로 한두 마디 하는 것은 괜찮다. 으레 할 수 있는 립서비스니까. 문제는 이런 말을 너무 자주, 즐겨할 때이다. 애석하게도 그런 사람은 좋은 사람이 아니거나, 좋은 의도를 가진 것이 아닐 확률이 높다. 입사 면접을 하는 상황을 떠올렸을 때, 지원자가 자신만의 논리나 이유는 없이 무조건 "이 회사에 뼈를 묻겠습니다!", "주어진 모든 일에 최선을 다하겠습니다!"라고 말한다면? 뼈를 묻든지 말든지, 최선을 다하든지 말든지 일단 취업부터 하고 싶은 욕심에 영혼 없이 좋아 보이는 말만 늘어놓는 사람처럼 보이지 않겠는가.

이런 사람들이 하는 말에는 보통 3가지 특징이 담겨 있다.

① '뒷받침할 근거'나 '감당해야 할 과정'을 생략하고 희망사항만 얘기한다.

② 자기는 전혀 허점이 없고, 한계도 없으며, 예외적인 사람처럼 말한다.

③ '수치화'가 어렵고 실체가 없는 '그럴듯한' 단어를 즐겨 쓴다. (Ex. 비전, 진심, 성의, 신뢰, 도리, 인연, 노력)

보통 이들의 최대 관심사는 '단기간에 환심을 사는 것'이다. 그래서 나중에 자기가 한 말을 지키지 않거나 자신의 말을 곧이곧대로 믿다가 내가 크게 손해 보게 되면, '다른 허황된 말'

로 변명할 가능성이 크다. 남 탓을 하든, 환경 탓을 하든, 상황 탓을 하든, 감정에 호소하든. 내뱉은 말이 지켜지지 않았다는 걸 절대로 인정하지 않고 그 말을 믿은 사람만 바보로 만들 게 뻔하다. 그럼 결국 내게는 상처와 후회만 남게 되겠지. 그저 감정과 시간만 낭비한 채.

　요즘 많이 보이는 "부자의 마인드만 가지면, 부자가 될 수 있다"라며 능력 없는 사람들에게 '희망팔이'를 하는 성공학 강사도 이런 전형적인 케이스다. "우리와 함께하면 누구나 큰 돈을 번다"라며 네트워크 마케팅(다단계)을 권하는 사람도 전통적인 기만자들이다. 또, 다이어트에 관해서도 이런 사례가 참 많다. 최근 지인 한 명이 SNS에 올라온 다이어트 보조제 광고를 보여준 적이 있다. "비만의 원인은 비만세포이며, 이걸 공격하는 성분을 섭취하면 살이 빠진다"라는 내용. 간호학을 전공한 나는 무언가 이상함을 느끼고, 사실 여부를 확인하려고 즉각 비만세포를 검색해봤다. 아니나 다를까. 비만세포는 세포 자체가 뚱뚱해서 그런 이름이 붙었을 뿐, 살이 찌는 것과는 전혀 상관이 없었다. 영어 학명도 'Mast Cell'. 비만의 'ㅂ' 자와도 연관이 없는 것. 한글명의 뉘앙스를 이용해 교묘하게 말장

대화 스킬 킥

: 논리 있는 긍정적인 대답의 예시

헤어디자이너 차홍 님이 방송에서 보여준 긍정적인 대답은, 10년이 지난 지금까지도 '긍정왕'으로 회자될 정도로 좋은 예시이다. 긍정적인 이유와 논리가 있어 듣는 이를 기분 좋게 해준다.

시간이 없어서 머리를 정리하지 못했다는 출연자에게
긍정 해답 : 머리카락이 아주 빨리 자라시나 봐요. 어리다는
　　　　　　증거이죠.

산적 같다는 말을 듣는다는 출연자에게
긍정 해답 : 사극에서 산적이 나오면, 카리스마 있어 보이고
　　　　　　멋지잖아요. 남성미의 결정체!

머리를 못 감아서 기름져 있다는 출연자에게
긍정 해답 : 밤샘작업 하셨나 보다! 얼마나 먹고 살기 바빠요.

모두 긍정적일 만한 이유와 논리를 찾아내서 말해주는 것. 그래서 그 방송 프로그램이 10여 년이 지난 지금도 종종 온라인상에서 '긍정왕'으로 회자될 정도다.

난을 한 허위광고다. 약 하나만 먹어도 살이 빠진다는 말은 정말 달콤하다. 그런 약이 있다면 다이어트로 고민하는 사람이 세상에 있겠나. 그런 약은 아직 현실에 존재하지 않는다. 있다면 분명 온 세상이 떠들썩해질 테니, 그 소식을 접하기 전까지는 돈 낭비는 그만하도록 하자.

설레발 장인

> "넌 내가 딱 원하던 사람이야."
> "안 지 얼마 안 됐지만, 우린 참 특별한 것 같아."
> "우리가 좀 더 빨리 만났다면,
>   너무 좋았을 텐데….."

이렇게 마치 연애 초반 플러팅을 하는 수준으로 다가오는 사람이 있다. 표현하는 것만 보면 아무 문제 없지만, 안 지 얼마 안 된 사이에도 이러는 경우라면 문제가 된다. 이 말을 곧이곧대로 믿는 사람은 생각하겠지. '와, 나를 엄청 생각해주는 착한 사람이네'. 이들이 간과하는 것은, 이런 건 그냥 설레발에 불과하다는 사실이다. 자기 혼자 상상한 이미지, 단편적인 이미지를 나에게 덧씌워, 의미부여를 한 것일 뿐이다. 그러니 첫눈에 반한 사람마냥 그렇게 유난을 떠는 거지.

하지만 나의 실제 모습은 절대 그 이미지에 그대로 부합할 수 없다. 그렇게 일방적으로 상상한 이미지가 어떻게 진짜 내 모습과 같을 수 있겠나. 아무리 그 기대에 부합하기 위해 온갖 애를 쓴다 해도, 얼마 못 가 분명 내게 실망하는 순간이 찾아오게 된다. 그때는 '어라? 내 생각보다 좀…' 하며 자기 맘대로 떠나버리겠지. 자기 맘대로 다가왔던 것처럼.

만약 그 껍데기뿐인 말을 진짜 내 모습일 거라고 믿어버리고 한껏 좋아했다면, 이는 엄청난 상처가 될 것이다. 나는 그저 나일 뿐인데, 마치 내가 아주 부족한 사람으로 느껴질 테니까. 그래서 이런 사람을 자주 만나면 만날수록, 가까이 지내면 지낼수록, 내 마음은 계속 바닥을 향해 치닫게 된다.

게다가 그냥 휙 떠나버리면 그런가 보다 싶을 텐데, 자기가 실망한 마음을 내 탓으로 돌리며 오히려 가스라이팅을 할 때도 있다. "넌 이런 사람인 줄 알았는데, 아니었네"라는 식으로 굳이 한 번 더 긁고 가는 것. 애초에 처음부터 유난 떠는 그 장단에 맞춰주지 않는 게 최선이다.

이런 사람이 더 무서운 건, 그냥 설레발에만 그치지 않고 더욱 기대하게 만드는 말을 마구 남발한다는 것이다.

"너 시간 언제 돼? 내가 다 맞출게~"
"주위에 괜찮은 사람들 많은데,
다음에 소개해줄게."
"너랑 나중에 이런 것도 같이 하면 좋겠다."

이 말을 또 곧이곧대로 믿는 사람은 '날 얼마나 좋아하면 그렇게까지!'라고 생각할 수밖에 없다. 그러면 한 번 더 실망할 타이밍이다. 분명 그 사람은 그 말을 다 지키지 않을 것이기에. 자기의 모든 시간을 나에게 맞추고, 자신의 주변인을 전부 나에게 소개해주고, 약속한 모든 것을 다 해나가는 것은 상당한 시간과 노력이 들어간다. 그런데 이걸 처음부터 남발한다고? 얼마나 아무 생각이 없으면 그러겠나. 애초에 진지하게 뱉은 말이 아니라는 뜻이다.

막상 기대만 잔뜩하게 해놓고, 진짜 그걸 해줘야 하는 순간에는 "상황이 이래서 이번에는 좀…", "다음에 해줄게" 하는 식으로 빠져나갈 공산이 크다. 심하면 잠수를 타는 경우도 있다. "요즘 바빴어", "연락 온 걸 늦게 봤어" 하는 식으로 말이다. 그렇게 계속 만날수록, 처음 성격 좋은 척 맞춰주던 모습은 온데간데없이 사라질 것이 분명하다. 참 영양가 없는 사람이다.

완전히 남이었던 서로가 인연을 맺고, 맞춰가는 과정은 마치 시나리오와 같다. 만족스러운 결말까지 가기 위해서는 충분한 서사가 쌓여야 한다. 영화를 봐도 오프닝부터 결말이 다 나오는 경우는 없지 않은가. 그럼 그 영화는 망할 테니까.

서로에 대한 특정 감정이 고조되기도 하고, 갈등을 겪다 해소되기도 하고, 함께 고난을 극복하기도 하고, 다양한 상황을 경험하면서 등장인물에 대한 개연성이 생기는 것이다. 그리고 나서야 진짜 의미부여를 하든, 감정이입을 하든 할 수 있는 것. 만약그 전에 설레발치는 사람이 있다면, 의심부터 해봐야 한다.

사랑받는 이기주의자

분수를 알게 하는 소크라테스

"너 자신을 알라."

소크라테스가 한 이 유명한 말을, 참 많은 사람이 이렇게 오해한다.

"네 분수를 알라."
"니 꼬라지를 알아야지."

누구나 그러하듯, 나도 이 말을 참 많이도 들었다. 심지어 지금 16년째 코칭을 하고, 6년간 공개적으로 조언까지 하고 있는 '연애'라는 분야에서조차.

옛날 모태솔로를 탈출하려고 한창 애쓰던 시절에는 "사랑은 그렇게 하는 게 아냐~", "그냥 좋은 사람 나타나면 알아서 되는 걸 왜 그렇게까지 해?"라는 소리를 들었다. 생소한 직업이지만 적성에 딱 맞는 연애코치란 직업을 선택했을 때는 "그거 몇 살까지 할 수 있을 것 같아?", "그냥 전공을 살리고, 그건 취미로만 해~"라는 말도 참 많이 들었다. 심지어 지금의 '박코'를 있게 해준 유튜브를 시작하면서도 이런 말을 많이 해주더라. "요즘 유튜브하는 사람이 너무 많아서 지금 하면 힘들 거야", "너는 대중한테는 잘 안 먹히는 스타일이야".

이런 말을 들을 때마다 나는 정말 불안했다. 그 말이 정말 맞을까 봐. 그렇지만 그냥 밀고 나갔다. 일단 해보고 싶었으니까. 그리고 그 말을 들으면 왠지 내가 딱 거기까지일 것 같아서. 결과는 어떻게 됐을까? 이 책을 보는 당신이 증인이다. 그들의 말을 안 듣길 잘했지. 휴.

물론 실제로 그 사람들 말대로 됐을 수도 있다. 실제로 나는 쇼핑몰을 하다 망한 적도 있고, 투자를 하다 억대 금액을 날린 적도 있고, 믿고 따랐던 동업자에게 뒤통수를 맞은 적도 있다. 당연히 그때도 말리는 사람이 있었지만 안 하면 후회할 것 같아서 그냥 했고, 제대로 망했다.

그렇다고 해서 손해를 본 것이냐 한다면, 아니라고 본다. 그때의 경험을 발판 삼아 내가 진짜 잘하는 게 뭐고, 하면 안 되는 게 무엇인지 정확하게 알게 됐으니까. 거기다 돈을 주고도 얻지 못하는 경험과 내공이 남기도 했다. 지금 하는 연애 상담 사업이 잘되고 있고, 투자에는 일절 손을 대지 않으면서, 글 쓰고 영상을 찍으며 만족스럽게 살아가는 것은 다 그 덕분이다. 그렇게 도전과 실패, 성공을 반복하며 착실히 성장해가는 게 인생 아니겠는가.

소크라테스가 한 "너 자신을 알라"는 말의 참뜻도, 사실 분수나 꼬라지에 관한 이야기가 아니라고 본다. '계속 자기반성을 하면서, 더 나아지라'는 뜻이 분명하다. 실패하면 어쩌란 말인가. 그저 반성하고 다른 걸 하면 되는 거지. 상처받아도 어쩔 수 없다. 다음엔 상처받지 않도록 내가 더 잘하고 신중해지면 되는 거니까. 우리가 죽기 전까진, 항상 내일이 있지 않나. 오히려 걱정에 사로잡혀 아무것도 안 하고, 어영부영 시간과 기회만 날리는 게 제일 안타까운 일이다.

그런데, 이 당연한 사실을 잊게 만드는 사람들이 있다. 자꾸 '현재의 나 자신'을 알게 해주는 주위의 소크라테스들. 이건 이래서 안 되고, 저건 저래서 안 되고, 난 이게 부족해서 안 되고, 다른 사람은 나한테 없는 무언가가 있어서 잘된 거라고 계속 일깨워준다. 물론 자기 의견이 그렇다는 건 존중한다. 내가 시간 낭비, 감정 낭비를 할까 봐 걱정해주는 것도 이해한다. 자신의 귀중한 실패 경험을 공유해주어서 고맙긴 하다. 하지만 어쩌라고.

분명 사람마다 자기 그릇과 한계가 정해져 있는 게 맞긴 하다. 그런데 너는 너일 뿐이지 않은가. 잘될지 아닐지는 당사자가 제일 잘 알 수 있는 거고, 당사자가 모르더라도 직접 부딪쳐보면서 깨달아야 하는 것이다. 시작부터 옆에 있는 사람이 왈가왈부할 게 아니라는 것이다. 어차피 네가 바라본 내 모습은 아직 시작 단계에 있는 '현재의 나'일 뿐이니까.

게다가 이런 '어설픈 소크라테스' 중에서는, 순수하게 나를 위해 조언해주는 사람만 있는 게 아니다. 정말 나를 위해주는 것이 맞는다면, 뒤늦게라도 내 시도와 노력을 지켜보면서 응원까지 해주겠지. 하지만 그게 아니라면? 자신의 생각보다 더 나은 길이 존재한다는 사실을 인정하기 싫은 것일 뿐이다. 혹은 자신은 행동할 용기가 없어 못 하는데, 나만 더 앞으로 나아가서 자기만 못난 사람이 될까 봐 불안한 걸 수도 있고. 함께 현실에 안주하자고 물귀신 작전을 펼치는 거라 할 수 있다. 만약 그게 맞는다면, 결국 내가 잘되더라도 종종 이런 말을 할 것이다.

"내 걱정대로 안 돼서 다행이네."
"너는 상황이 잘 따라줘서 그런 거지~"
"운이 좋았네!"

내가 조금이라도 안 풀리는 것처럼 보일 때는, 이렇게 말할 것이다.

"그럴 줄 알았어~"
"거봐~ 내 말이 맞지?"

전부 자기는 가만히 앉아서 평가만 하겠다는 태도일 뿐이다. 대체 무슨 자격으로?

지금 내 곁에 있는 그 사람이 그간 아무리 좋은 영향을 주었다 하더라도, 지금 내가 가는 길을 응원하기는커녕 자꾸 힘 빠지게 만든다면 과감하게 돌아서라. 아니면 최소한 잠깐은 멀어져야 한다. 결국 더 나은 나를 만들어주는 건, 내 분수를 일깨워서 나를 평준화시키는 사람이 아니라, 나에게 새로운 자극과 영감을 주어 더 나아갈 힘을 주는 사람들이니까.

그래서 나는 모태솔로를 탈출하던 시절, 그렇게 나를 말리던 부모님, 절친들과 멀리 떨어져 몇 년간 자취를 했다. 연애 코치를 계속 하기 위해, 간호사로 취업하지 않으면 패배자로 여기는 분위기의 학과 내에서 일부러 겉돌았다. 비주류였던 연애 콘텐츠를 유튜브에서 잘 해내기 위해, 자꾸 어설픈 꼼수를 권하는 10년 지기 동료와 결별하기도 했다.

삶의 질을 떨어뜨리는
마이너스형 인간들

발을 들이는 순간 개미지옥

내가 아무리 열심히 살아도 삶이 녹록지 않은 건, 내 노력이 부족해서일 수도 있지만 다른 누군가의 영향 때문일 수도 있다. 물론 힘들 때마다 남 탓부터 하라는 말은 아니고, 생각보다 우리 주변에는 내 인생에 마이너스가 되는 사람이 꽤 많다는 것이다.

그게 친한 친구일 수도 있고, 가족이나 연인일 수도, 그냥 아는 지인일 수도 있다. 이들의 무서운 점은 가까운 사이가 아니라도, 얼마든지 나를 갉아먹을 수 있다는 것. 일반적인 사람이라면 상상도 하지 못할 별의별 행동으로 부정적인 에너지를 전염시키기 때문이다. 포지셔닝으로 치면, 자꾸 회사 업무를 엉망으로 해서 쓸데없는 일만 늘리는 직원이랄까. 노동자를 보호하는 노동법 때문에 함부로 해고할 순 없더라도, 알아서 그만두고 싶어지게 꾸준히 멀어지려고 안간힘을 써야 한다.

혹여나 해고한 그 사람에게 측은지심을 느끼진 않았으면 좋겠다. 어차피 해고하지 않고 그냥 두면 마음속 그 사람의 직급이 올라, 회사 자체가 망할 수도 있을 테니까. 오래 곁에 두다가 자칫 정이라도 들어버리면, 내 삶 자체가 불행해질 수도 있다는 것이다.

만약 자기 자신이 그런 사람이라면? 흠, 나한테는 가까이 오지 않았으면 좋겠다. 곁에 있는 사람 좀 괴롭히지 마라. 이 참에 스스로 깨닫고, 확실하게 부정에너지를 제거한 뒤, 새 마음 새 뜻으로 살아갈 생각부터 했으면 좋겠다.

비극의 주인공

상대에게 괜찮은 모습만 보여주고 싶은 건 당연한 사람의 마음이다. 애초에 좋은 모습을 기대하고 누군가를 만나는 거니까. 그런데 시간이 지날수록 그러기는커녕, 점점 이런 말을 자주 내뱉는 사람이 있다.

> "나 요즘 돈 없어서 힘들어."
> "일이 잘 안 풀려서 죽겠네."
> "요즘 너무 바쁘고 정신없네."
> "쉴 시간도 없어. 맨날 자기 바빠."

이런 징징징 우는 소리들. 나한테만 이러는지, 다른 사람들 앞에서도 이러는진 모르겠지만, 아무튼 좀 그렇다. 아마 처음부터 내 앞에서 이렇게 징징대지는 않았을 것이다. 안 지 얼마 안 된 초기에는 항상 좋은 모습만 보여주다가, 어느 순간부터 자기 상황을 하소연하는 빈도가 점차 늘어난다.

마침 상황이 안 좋아져서 그럴 수도 있지 않냐고? 물론 그럴 수 있다. 정말 돈이 없을 수도 있고, 일이 꼬였을 수도, 요즘 따라 바쁘고 정신없었을 수도 있다. 그런데 그걸 굳이 나한테 뱉어대는 게 문제인 거다. 상대가 보기에는 공감 능력이 부족한 것처럼 보일 수도 있지만, 솔직히 내가 너의 남친, 여친은 아니지 않나. 내가 뭘 어떻게 해줄 수 있는 것도 아닌데, 그걸 다 들어줄 이유가 없다.

하지만 사람 마음이라는 게, 앞에서 그런 소리를 하는데 마냥 냉정하게 외면할 수 없다는 게 문제다. 그러면 안타깝게도 감정 쓰레기통 당첨이다. 사실 이런 사람들은 언제나 감정 쓰레기를 어디다 투척할까 궁리한다. 쓰레기를 담아둘 용량이 적어서든, 아니면 쓰레기가 지나치게 많이 생겨서든. 매 순간 누군가에게 쓰레기를 버려야 살아갈 수 있는 사람들인 것. 앞서 자신의 감정 쓰레기통을 만들라고 한 게 내가 할 말인가 싶겠지만, 그것도 정도껏이지. 둘 사이가 지속되려면 징징대는 건 가끔씩만 해야 하는 것 아닌가. 그걸 생각하지 않고 만날 때마다, 연락할 때마다 징징이 뻗치는 모습을 보여준다면, 그저 나를 쓰레기통 취급하는 것이 분명하다. 원래 감정 쓰레기는 한군데 모아서 버리면 안 된다. 그럼 쓰레기통이 터지거나,

썩어 문드러지거나 둘 중 하나가 될 뿐이지. 여러 군데 분리수 거해서 '잘 버리는 것'도 인간관계의 기본 소양인 것이다.

엄마의 손맛 비결도 아니고, '적당히', '잘'이라는 소리가 헷 갈릴 수도 있을 것이다. 그런 이들을 위해, 딱 떨어지는 기준 을 정해주겠다. 친구나 가족 같은 가까운 사이라면 1개월에 한 번, 종종 보는 지인이나 동기·직장동료 정도라면 3개월에 한 번이 최대치다. 그 정도면 충분히 아량이 넘친다고 할 수 있다. 기꺼이 이런 말을 해줄 수도 있을 것이고.

"힘들겠다. 그래도 넌 잘할 거야!"
"걱정하지 마. 잘 풀릴 날이 오겠지. 힘내!"

여기에 그 사람이 "고마워, 힘내볼게", "좀 힘들긴 한데… 그 래, 어떻게든 해야지"라고 수긍한다면 통과. 잠깐 감정이 울컥 했거나, 평소에는 안 그러다 요즘따라 정말 힘들어서 그런 거 라면 좀 의지할 수도 있는 거지. 기꺼이 빌려줄게, 내 어깨!

하지만 "그냥 다 힘들어", "스트레스 받아서 죽겠다", "아니야. 나는 답이 없는 것 같아", "그래서… 돈 좀 빌려주면 안 돼?" 같은 소리를 한다면? 마냥 우는 소리만 하는 사람은 가까이 둘 사람으로 불합격이다. 밑 빠진 독에 물 부어봤자 내 발만 젖을 테니, 어서 도망가자.

오랜만이야 중독자

술 마셨을 때, 하는 일이 잘 안 풀릴 때, 만나던 사람이랑 잘 안 됐을 때, 오늘따라 외로울 때, 사람은 감정 기복이 심해진다. 그럼 아는 사람들에게 연락을 할 수도 있는 거다.

"오랜만이네. 잘 지내?"
"너 생각나서 연락했어."
"우리 한번 봐야지~"

문제는 평소에는 별다른 연락을 안 하다가, 꼭 자기가 힘들고 외로울 때만 연락하는 사람이다. 나한테 연락할 때마다 '오랜만' 같은 소리나 하는 그들. 딱히 나를 중요한 사람으로 생

사랑받는 이기주의자

각도 안 하고 있다가 나를 적당한 멘탈 관리용, 만만한 현실 도피용으로 취급하는 거다. 전문용어로 심심풀이 땅콩이라고 한다. 문제는 선천적 호구 기질을 가진 사람은 이런 '간헐적 연락'을 너무 좋게 해석할 때가 많다는 것이다.

> "그때라도 내 생각이 나는 거니까,
> 그래도 관심 있다는 뜻 아닌가?"

솔직히 그것도 맞는 말이긴 하다. 관심이 있는 건 맞지. 자기 감정을 해소하는 딱 몇 분 정도의 관심. 연애로 치면 하룻밤 외로움을 달래는 정도의 관심이랄까. 아마 그 이후 또 연락이 없을 확률이 높다. 내가 먼저 나서서 언제 보자고 약속을 잡지 않는 이상, 다음에 시간 날 때 보자고 해놓고 몇 달 몇 년을 보지 않을 테고.

그 사람이 얼마나 좋은 사람이건, 친해지고 싶은 사람이건 상관없다. 영양가 하나 없는 사람이니, 가만히 있다가 혼자 희망고문 당하지 말고 마음속으로 선을 그어버려라. 마침 나도 외로웠다면 적당히 장단을 맞춰주면서 그 순간만 재밌게 애기하고 끝내버리거나, 그게 아니라면 적당히 바쁘다는 핑계로 빠지거나. 그러면 어느 순간 연락 오는 빈도도 뜸해지고, 점점 알아서 떨어져 나가줄 것이다. 물론 대놓고 선을 긋거나 한 적은 없으니, 나에 대한 이미지가 나빠질 일도 없고 말이다.

모두까기 인형

친하게 지냈던 사람 중 평소에는 정말 좋은 사람인데, 조금이라도 감정을 상하게 하는 사람이 있을 때마다 다른 사람들에게 "얘는 왜 이러는지 모르겠다"라고 말하던 지인 E가 있다. 워낙 평소에 의리가 있고 정말 자기희생적인 사람이었음에도, 그런 모습이 쌓이다 보니 결국 다들 떠나가버리더라. 처음에는 '오죽하면 이런 사람이 욕을 할까' 하는 생각에 거기에 동조하다가도, 지내면 지낼수록 주변 사람들 대부분이 이 사람의 입방아에 오르는 것을 보면서 '분명 나한테도 이러겠구나' 싶어서 거리를 두게 되는 것이다. 그래서 E는 누가 봐도 괜찮은 사람이지만, 가깝게 지내는 사람이 항상 바뀌는 편이다.

사랑받는 이기주의자

솔직히 뒷담화 자체는 나쁜 것이 아니다. 사람마다 정도의 차이가 있을 뿐 누구나 뒷담화를 하기 마련이고, 불만이 있으면 욕을 좀 할 수도 있는 것 아닌가. 게다가 욕먹을 만한 사람을 다 함께 욕하다 보면, 동질감이 생겨 돈독해지기까지 한다. 하지만 '모두까기 인형'은 위험하다. 단순히 그 사람을 신뢰하지 못해서거나, 그에게 악의가 있기 때문이어서가 아니다. 결국 누구를 만나든 긍정적인 면보다는 부정적인 부분을 먼저 바라보고, 그것을 섣불리 언급해서 반드시 나도 피해를 볼 날이 오기 때문이다.

이 사람들의 더 큰 문제는, 그러지 말라고 해도 도무지 고쳐지지 않는 데 있다. 애초에 누군가의 결점을 보고 참을 수 없는 정의감을 느껴서 뒷담화를 하는 게 아니라, 그냥 자신이 누군가를 평가하는 위치라는 것에서 희열감을 느끼기 때문이다. 엄청나게 중독적인 거지.

실제로 앞서 얘기한 E 역시 마찬가지였다. 누군가를 욕하고서 그 사람을 손절하는 것도 아니었고, 겉으로는 여전히 잘 지내더라. 그러고는 또 건수가 있으면 웃으면서 "걔 이러는 거 좀 그렇지 않아?"라는 말을 시작한다. 아무리 악의가 없으면 뭐하나. 아무리 말만 그러는 거면 뭐하나. 그는 나쁜 사람이 아니더라도, 해로운 사람임은 분명할진대.

게다가 자신의 삶을 열심히 살기 바쁘고, 거기에 충분히 만족하는 멀쩡한 사람이 그렇게까지 남의 인생에 관심을 두겠는가? 애초에 뒷담화 습관이 있다는 것 자체가 그 사람의 삶의 주체는 자신이 아니라는 것이다. 그런 이들에게 배울 점이라곤 없으니, 멀리해야 하는 것이 당연하다.

그런데 여기에는 예외가 하나 있다. 뒷담화를 하지만, 그 내용을 당사자 앞에서도 당당하게 하는 경우다. 그 사람은 미성숙한 것이 아니라, 비판적 사고가 매우 발달한 사람이라고 볼 수 있다. 불만이 많은 고집쟁이임은 분명하나, 나름 자기 의견에 당당하고 자신감 있게 주관을 드러낼 용기도 있다는 것이다.

'뒷담화'를 '앞담화'로도 할 수 있다면,
정상참작의 여지가 있다.

사랑받는 이기주의자

이런 사람은 마치 옛날 왕에게 쓴소리하는 '충신忠臣'에 가까운 사람이라 보아도 된다. 오히려 곁에 두면 순작용도 있는 사람이라는 거지. 대부분의 사람이 나와의 관계를 고려해 쓴소리를 못하는 반면, 이 사람은 종종 나에게 '진실의 거울'이 되어준다. 물론 나에게 그런 쓴소리의 강도를 견딜 용기가 있느냐도 중요하겠지만, 개인적으로 나는 이런 사람들을 더 가까이하는 편이다.

징징티콘과 눈치티콘

연락 메시지를 보낼 때, 유독 말끝마다 'ㅎ'나 ';;', 'ㅠ'를 하나씩 붙이는 사람이 있다. 그 사람과 깊게 만나는 것은 다시 생각해보아야 한다. 사소해 보일 수 있는 '습관'이나 '추임새'일 뿐이지만 이것을 남발한다면 이야기가 달라지니까. 사람을 대하는 관점과 삶의 태도가 드러나는 대표적인 행동 중 하나이기 때문이다.

"오늘 뭐 했어?ㅎ"

"지금 가는 중이야ㅎ"

"여기 맛있네ㅎ"

가끔은 괜찮지만, 이렇게 말 끝마다 'ㅎ'를 하나씩 붙인다면 문제가 있다. 사실 'ㅎ'에는 어떠한 의미도 없지 않나. 'ㅎㅎ'처럼 웃는 느낌을 주는 것도 아니고, 그렇다고 비웃으려고 붙이는 것도 아니다. 그럼 아무 문제 없는 것 아니냐고? 아니, 그래서 문제다. 굳이 의미 없는 말을 붙이는 심리가 이것이기 때문.

'메시지만 달랑 보내면, 네가 딱딱하게
애기한다고 생각할까 봐 신경 쓰여.'

'ㅎ'를 붙이지 않고 "오늘 뭐 했어?", "지금 가는 중이야", "여기 맛있네"라는 메시지만 쓴다고 무뚝뚝하고 성의 없어 보일까? 그냥 그 메시지 자체의 의미만 순수하게 받아들이거나, 좀 딱딱해 보이더라도 '시크하네' 정도의 느낌이 전부이다. 그런데 굳이 '딱딱하게 애기한다고 생각할까 봐' 의미 없는 'ㅎ'를 남발하는 것은, 그 자체가 위축된 사람이라는 뜻이다. 사람을 대할 때 지나치게 눈치를 볼 정도로 자존감이 낮거나, 혹시 모를 리

사랑받는 이기주의자

스크를 매 순간 생각하면서 산다는 뜻이다. 이런 사람과 가까이 지내면 어떨까? 어느새 나도 모르게 상대를 깔보게 되거나, 그런 상대의 부정성에 물들어버리게 된다. 분명 그 사람은 메시지 습관뿐만 아니라, 평소에도 그런 태도를 보일 테니까.

"지금 친구 만났어;;"
"이제 퇴근했어ㅠ"

또, 이런 식으로 ';;'이나 'ㅠ'를 자주 붙이는 건 더 문제다. 이건 '당황하는 표현'과 '우는 표현'이지 않나. 'ㅎ'는 상대의 눈치를 보는 정도일 뿐이라면, 이건 대놓고 부정문이다. 만날수록 서로 기분 좋아지고 긍정적으로 변해도 모자랄 판에, 이런 부정적인 뉘앙스가 '습관'인 사람에게 좋은 영향을 받을 수 있겠는가. 이 사람과 함께할수록, 내가 더 행복해질 가능성은 제로에 가깝다.

물론 여기에 반박하고 싶거나, 비약이라고 생각하는 사람이 많을 것이다. 이미 자신이 그러고 있어서 찔리는 걸 수도 있고. 하지만 다음처럼 똑같은 내용의 메시지라도 느낌이 확

연히 달라지지 않나. 단지 뉘앙스 차이일 뿐이지만, 그 사람의
심리가 같다고 볼 수 없다.

　　"뭐해?"
　　"뭐해?ㅎ"
　　"뭐해?;;"
　　"뭐해?ㅠ"

　정말 슬프거나 당황스러운 상황에서 이런 말을 붙이는 건
충분히 그럴 수 있다. 하지만 굳이 일상적인 메시지에서조차
그러는 건 분명히 문제가 있는 것이다. 단편적인 습관에 불과
하지만, 내적으로 부정성이 충분히 쌓여야만 나타나는 행동
특성이니까. 아마 곁에 두면, 평소에도 쓸데없는 걱정과 심한
강박, 징징거리는 태도로 나까지 기운 빠지게 될 것이 분명하
다. 나까지 부정성에 물들고 싶지 않다면, 이런 사람은 웬만하
면 멀리하도록 하자.

　　　　　　　　　　　　　　　　사랑받는 이기주의자

귀여움에 무지한 자

귀여움이란 작고, 동글동글하고, 여린 모습을 지닌 대상에게 생기는 감정이다. 그리고 이건 보통 어리고 미숙한 존재의 특징이다. 즉, 귀여움을 느낀다는 건 우리의 다음 세대를 지키고 이어가도록 하는 하나의 '보호 본능'이라는 것이다. 대표적인 대상이 바로 '동물'과 '아기'이다.

그런데 간혹 동물과 아기, 둘 다 별로 좋아하지 않는 사람이 있다. 물론 동물이나 아기를 접할 일이 없어 관심을 가지지 않거나, 책임질 자신이 없는 사람은 제외다. 다음처럼 '거부감'이나 '성가신 감정'을 드러내는 걸 말하는 것이다.

> "아기는 너무 시끄러워서 별로…."
> "귀찮게 왜 반려동물을 기르는지 모르겠어."

만약 한 쪽이라도 좋아한다면, 그저 취향의 문제일 뿐이니 상관없다. 하지만 둘 다 좋아하지 않는다는 건, 확실히 일반적이라고 볼 수 없다. 기본적인 모성애, 부성애 즉 보호와 애착의 감정이 없다는 말이라, 분명 그것이 인간관계에서도 문제가 된다. 보호 본능과 애착이 약하다는 것은 그만큼 주위를 챙기거나, 조금 뒤처진 이들을 잘 돌아보지 않는 냉정한 사람일 확률이 높다는 뜻이기 때문이다.

물론 그런 성향이 진취적인 영역에서는 좋게 발휘될 때도 있을 것이다. 앞을 향해 달려가면서, 주위 사람들이 희생되는 걸 별로 신경 쓰지 않을 가능성이 크기 때문. 그런데 이게 사적인 관계에서는 꽤 문제가 되지 않겠는가. 피도 눈물도 없는 건 아니지만, 상대적으로 어떤 이득을 얻기 위해 곁에 있는 나를 희생시킬 수도 있을 테니까. 그러니 이런 사람은 무조건 멀리 하시라. 아무리 멋진 사람이면 뭐하나. 그 모습은 결국 주위 사람들을 챙기지 않고 얻어낸 모습일 가능성도 있는 건데. 만약 가까이 지내게 되더라도, 어느 정도 경계를 하는 것이 좋다.

사랑받는 이기주의자

관계의 공식

: 이해심 많은 척하며
   나를 가스라이팅하는 사람

"내가 너무 다 이해해주는 편이라, 사람들이 종종 나를 호구로 보는 것 같아"라고 하는 말을 곧이곧대로 믿지 말자. 그것을 굳이 '말'로 꺼냈다는 건, 결국 자신이 그런 사람이라고 어필하고 싶은 것일 수도 있다. 경험 적고 순진한 사람들은 여기에 쉽게 넘어간다.

기억해야 할 것은 생각보다 많은 사람이 이해심 많은 콘셉트로 상대를 안심시키고, 나중에 본색을 드러낸다는 것이다. 확실하게 가까워졌다고 느꼈을 때 자기 눈에 거슬리는 부분을 계속 걸고넘어지거나 노발대발 화를 내며 이 말을 할 가능성이 높다. "내가 원래 이런 사람이 아닌데, 이건 좀 아니지 않아?"

자기는 미리 이해심이 많은 사람이라고 인지시켜놓았으니까, 이렇게 마음이 넓은 자기가 이해하지 못할 정도면 무조건 상대의 잘못이라고 따지는 것이다. 가면 갈수록 습관적으로 투덜대거나 자기가 기분 나쁘면 모든 걸 상대의 탓으로 돌리면서 비난하는 경우도 있다.

결국 폭발한 상대에게 "이런 사람인 줄 몰랐다"라며 끝까지 자존감을 깎아먹으려 들기도 한다. "널 위해서 하는 말이야", "기분 나빠하지 말고 들어"와 같이 이해심 많은 척, 너를 위하는 척 가식을 떠는 사람들이 여기에 해당된다.

가까이 지낼수록
독이 되는 사람

다정하게 건네는 독사과

세상에는 참 좋은 사람이 많다. 참 살 만한 세상이다. 그런데 간혹, 괜찮은 사람이라고 생각했는데 가까이 지낼수록 나를 망치는 사람이 있다. 내가 아는 좋은 세상이 송두리째 부정당하는 느낌, 나아가 배신감까지 들게 될 정도로.

이들의 무서운 점은 가깝게 지내기 전까지는 세상 멀쩡한 사람처럼 보인다는 것이다. 차라리 비겁한 사람, 폭력적인 사람, 앞뒤가 다른 사람, 허언증 말기처럼 대놓고 별로라고 떠들고 다니지, 왜 독을 품은 사과처럼 나에게 다가와 내 삶을 망치느냔 말이다. 나는 백설공주도 아닌데, 쓰러지면 깨워줄 사람도 없는데. 문제다 문제.

조금 슬픈 사실은, 대개 이런 독을 품은 사람은 스스로를 괜찮은 사람이라고 생각할 때가 많다는 것. 나아가 그런 자신의 모습을 받아들이지 못하는 나를 안 좋게 바라보기도 한다는 것이다. 그래서 '내가 잘못된 건가?' 하며 헷갈릴 때가 많다. 단언컨대, 절대 아니다. 나에게는 잘못이 없다. 단지 그런 사람을 알아보지 못한 내 미숙함이 문제일 뿐.

전형적인 두 가지 입버릇

'말'만 보고 그 사람을 판단하기는 어렵지만 '습관적으로 하는 말'은 그 사람을 판단하는 중요한 기준이 된다. 계속 그 말을 반복하면서 지속 행동을 보여준 거니까. 특히 이런 입버릇을 가진 사람이라면 조심하자.

"원래."

비단 문제가 생겼을 때뿐만 아니라, 평소에도 습관처럼 '원래'를 뱉는 사람이 꼭 있다. "원래 이렇게 해야 되는 거야", "나는 원래 이래" 같은 소리들 말이다. 별것 아닌 듯 보이겠지만 이 말을 자주 하는 사람의 심리에는 문제가 참 많다. 새로운 방식에 적응하기 귀찮아서, 익숙한 것에만 안주하기 위해 '원래 그렇다'는 논리로 회피하려는 것이기 때문이다. 즉, 생각이 유연하지 못하고 상대의 의견을 들을 생각조차 없는 고집불통이라는 것.

◈ **약속을 잡을 때**

나 : 우리 강남에서 보면 안 돼?

상대 : 거긴 좀… 나 원래 동네 잘 안 벗어나.

상황이 바뀌면 '원래' 어떻게 해왔든 생각이라도 해볼 수 있는데, 자신의 나태함을 말도 안 되는 논리로 포장하는 것이다. 적어도 강남에서 뭘 할지 물어보기라도 하면 낫겠지만, 이렇게 나오는 사람은 정말 그 어떤 노력도 하지 않으려는 것이다. 아마 계속 권유하면 좋은 이유 다 놔두고 '왜 강남에서 보는 게 별로인지'에 대한 변명만 늘어놓을 가능성이 크다. 내가 일방적으로 맞춰줘야만 관계가 유지되는 사람이라 할 수 있다.

◈ 안 좋은 습관을 지적했을 때

나 : 그런 자세로 운동하면 다칠 수도 있어!

상대 : 난 원래 이렇게 했는데?

그 사람의 어설픈 방식을 좋은 의도로 지적해주었는데, 도무지 새로운 방식을 받아들이지 않는다. 그게 딱 그의 한계라고 보면 된다. 발전도 없고, 더 좋아질 희망도 없다. 평생 현재의 부족함을 안고 살아갈 사람이니, 함께 나아지는 것은 포기해야 한다.

◈ 일을 배울 때

상대 : 이거 원래 그렇게 하는 거 아니야~

나 : 그럼 어떻게 해요?

상대 : 에이~ 그것도 몰라?

나의 방식을 전혀 고려하지 않고, 자신의 주관적인 경험만 '원래'로 포장하면서 강요하는 식이다. 그 사람이 원래 하던 방

사랑받는 이기주의자

식을 그대로 따르지 않는 이상, 내가 아무리 더 좋고 효율적으로 일하더라도 태클을 걸 것이 분명하다. 일을 잘하기 위해 협력하는 게 아니라, 그 사람 마음에 들기 위해 일을 해야 하는 피곤한 상황이 자주 발생하게 된다.

◈ 심한 경우는 이런 것도 있다

나 : ㅈㄴ 같은 욕은 좀 안 쓰면 안 돼?

상대 : 이게 뭐가 욕이야? 원래 편한 사람끼리는 쓸 수 있는 말이잖아.

내가 그 말을 욕으로 느끼든 추임새로 생각하든 상관없이, 이미 자기에게 익숙한 말 습관을 바꿀 생각 자체를 안 하는 것이다. 누군가를 배려하기 위해, 새로운 변화를 절대 받아들이지 않는 거라 할 수 있다.

◈ 연애 상황에서도 흔히 문제가 된다

나 : 왜 자꾸 여사친들한테 그런 연락이 와?

상대 : 그냥 친구라고! 원래 이렇게 지냈어.

과거와는 다르게 이젠 여자친구가 생겼으니, 기존 여사친들과의 관계도 변할 수 있는 것이다. 만약 여자친구가 거기에 문제를 느낀다면, 구체적으로 설명하고 새로운 방향을 찾아야 하는 게 맞다. 그런데 이런 식으로 반응한다는 건 뭔가 구린 게 있거나, 여자친구 입장을 고려하는 것 자체를 귀찮아하는 것이다.

"너나 잘해."

어떤 문제가 생겼을 때, 초등학생 나이대의 철없는 아이들이 가장 많이 하는 말이 있다.

"쟤도 잘못했는데 왜 나만 혼내요!" "너도 그랬잖아!" "네가 안 했으면 나도 안 했지."

문제 그 자체에 집중하지 않고, 유치하게 자기만 지적당한 것에 대한 억울함만 토로하는 것. 재밌는 사실은, 어른 중에서도 이런 사람이 적지 않다는 것이다. 대표적인 사례가 선거에서의 '네거티브 전략'이라 할 수 있다. 정치인들을 볼 때마다 항상 의아했던 건, 결국 선거의 본질은 누가 더 못났는지 밝히는 게 아니지 않은가. 누가 더 나은 사람인지, 누가 더 일을 잘

사랑받는 이기주의자

할 수 있을지를 판단하는 게 맞다. 그런데 국가를 운영하는 자리에 도전할 만큼 똑똑한 사람들이 "동네사람들! 쟤가 이런 잘못을 했대요"라고 열심히 네거티브를 하는 게 좋아 보일 리가 없지 않은가. 물론 거기에 동조하는 사람들까지도.

연애에서도 마찬가지다. 애정표현에 관해 얘기할 때 "네가 표현 안 하니까, 나도 표현을 안 하는 거지". 연락 빈도에 관한 얘기를 할 때도 "네가 답장 늦게 했잖아! 그래도 나도 똑같이 한 건데?". 같이 드라마 보다가 여자가 "저 남주 정말 잘생겼다~" 하면 남자 쪽에서 "여주가 정말 내 스타일이네~" 하며 유치하게 받아치는 것도 마찬가지다. 물론 마지막은 귀엽게 장난을 치는 느낌일 수도 있지만, 꼭 이걸 진지한 뉘앙스로 말하는 사람이 있는 게 문제다.

정치인이야 전략상 그럴 수 있다고 치고, 연애도 원래 감정은 유치한 거니까 충분히 그럴 수도 있다고 본다. 하지만 종종 일반적인 관계에서까지 이런 정서를 보이는 사람이 있다. 실수로 부딪혔을 뿐인데, 꼭 자기도 한 대 쳐서 되갚아주려는 심보. 운전할 때 서로 잘못해서 사고가 날 뻔했을 때, 상대 운전자 욕부터 하는 태도. 필요한 조언을 해주려고 했을 뿐인데, 너나 잘하라고 버럭하는 모습. 자기 일을 제대로 해내지 못했을 때, 일을 도와준 사람 탓을 하는 것. 철없고, 유치하고, 자기가 조금이라도 손해를 보기 싫어하는 모습인 것이다.

솔직히 살다 보면 좀 손해를 볼 수도 있고, 사람 사이가 어떻게 완벽히 공평할 수 있겠는가. 중요한 건 서로 잘 지내는 것이다. 친분을 나누는 사이에는 서로 기분 상하는 일 없이 사이좋게 지내면 그만이고, 함께 일하는 사이면 일만 잘 해내면 그만이다. 운전하다 사고가 날 뻔했더라도, 사고 나지 않은 것을 다행으로 생각하며 다음부터 내가 더 방어운전을 하면 되는 거지. 거기서 꼭 상대의 잘못을 탓하거나, 자격을 논할 필요는 없는 것이다.

딱히 엄청난 손해를 보는 것도 아닌데, 자기가 더 노력하거나 먼저 이해하면 큰일이라도 나는 것처럼 난리 치는 사람은 그냥 안 만나는 게 속 편하다. 그걸 그냥 다 받아주면 계속 그래도 되는 줄 알고 나에게 더 책임을 떠넘길 게 분명하기 때문이다. 그렇다고 안 받아주자니, 유치한 기싸움을 하며 피곤해질 게 뻔하고. 이런 사람은 만나면 만날수록 나만 힘들어지는 아주 피곤한 유형이다.

남 탓을 하려면 자신부터 잘한 다음, 상대의 자격을 논할 때는 먼저 자격을 갖춘 후에 하는 것이 진짜 어른이라 생각한다. 그리고 우리는 껍데기만 어른이 아니라, 알맹이도 어른인 사람과 성숙한 관계를 맺어야 더 행복해질 수 있다. 그래서 난 지금은 크리스천이 아니지만, 어릴 적 크리스천이던 시절부터 지금까지 예수가 한 말을 가슴속에 새기면서 살고 있다.

"이 중에서 죄가 하나도 없는 자만,
그에게 돌을 던져라."

다름과 틀림의 분별력

세상에는 엄연히 '다른 것'과 '틀린 것'이 존재한다. 만약 다른 걸 '틀리다'며 편협하게 생각하거나, 틀린 걸 '다를 뿐'이라고 포장하는 사람이 있다면, 그 사람과는 깊게 인연을 이어가지 말자. 생각을 깊게 할 줄 모른 채, 그저 보고 싶은 것만 보는 사람일 테니까.

이런 사람이 나에게 치명적인 이유는, 모든 관계에서 언제든 일어날 수 있는 '의견 차이'가 생겼을 때 절대 타협하지 않을 것이기 때문이다. 아마 근거 없이 똑같은 주장만 반복하면서 똥고집을 부리거나, 의견이 다른 나를 깎아내리면서 무작정 부정하려고만 할 것이다.

"네 말이 무조건 틀렸어."
"네 말도 맞긴 한데, 이건 다를 수도 있는 거잖아."

보통 이런 사람들은 공통적인 대화 패턴이 있다. 자신의 입장은 종일 이야기할 수 있지만, 상대의 입장은 절대 길게 얘기하지 못하는 것. "네 입장은 알겠다"는 적당한 말 몇 마디로 끝내버리고, 바로 자기 얘기를 하는 데 집중한다. 나의 입장을 공감할 생각도 의지도 없으니, 끊임없이 나를 답답하고 괴롭게 만들 뿐이다. 그렇게 의견 조율이 안 되는데, 내가 일방적으로 맞추지 않고 어떻게 그 사람과 잘 지낼 수 있겠는가.

그렇다면 '다른 것'과 '틀린 것'을 어떻게 판단할 수 있을까? '어느 인종이 운동을 잘한다', '한국 사람은 매운 걸 잘 먹는다'처럼 상황이나 개인에 대한 변수가 생길 수 있는 부분은 '다른 것'에 속한다. 반면, '지구는 원래 평평하다'나 '성별은 내 정체성에 따라 달라진다'와 같은 명확한 근거가 존재하는 사실을 부정하는 건 '틀린 것'이다.

예를 들어, "내 주변에 키 큰 사람이 많다 보니, 키 작은 사람은 이성으로 안 느껴진다"고 하는 건 '다른 것'의 문제다. 개개인의 취향일 뿐이니까. 하지만 "내 주변에 키 큰 사람이 많은 걸 보니, 남자들 평균 키는 173cm가 아니라 180cm 같아"라고 하는 건 통계적으로 증명된 사실을 부정하는 것이므로 '틀린 것'이다.

> "네가 지금 한 그 말은
> 생각이야? 사실이야?"
>
> — 고2 시절, 윤리 선생님

이걸 구별하지 못하는 사람과 어울리면, 그 사람이 반복하는 잘못(틀림)을 지적했을 때 '다름으로 받아들이라'고 우기면서 피곤하게 굴 것이다.

> "어떻게 그런 말을 할 수가 있어?"
> (감정적으로만 반응함)
> "왜 네 생각이 다 맞는다고 생각해?"
> (자기 생각이 맞는다는 근거는 부족함)
> "아닌데? 난 그런 적 없는데? 네가 꼬아서
> 생각하는 거지."(반박하지 못하고 우기기만 함)
> "왜 내 편 안 들어줘?"(우리 관계의 문제로 확대함)

이러면 그 어떤 문제도 해결되지 않고, 그 어떤 의견 차이도 좁혀지지 않는다. 오히려 내가 모든 것의 원흉인 양 취급받지 않으면 감사할 정도다. 이런 사람과 어떻게 솔직한 마음을 공유할 수 있겠는가. 안타깝게도 얘기하면 얘기할수록, 알아가면 알아갈수록 실망하고 질려버릴 것이 분명하다. 그렇다고 그냥 맞춰주면서 잘 지내려고 하면 또 다른 문제가 발생한다. 나 역시 이런 식으로 적당히 얼버무리고 우기는 게 매우 편리하다는 걸 알게 돼버리는 것이다. 그러면 나도 점차 그 사람을 닮아갈 가능성이 크다. 사람은 편한 걸 찾기 마련이니까. 다른 거니, 틀린 거니, 생각이니, 사실이니 그런 거 모르겠고 '그냥 난 다른 거고 넌 틀린 거야!'라고 해버리는 태도가 전염되는 것이다.

반대로 다름과 틀림을 아는 사람을 보면 똑같은 상황이라도 이렇게 대응하는 것을 볼 수 있다.

"네 입장에선 그럴 수도 있겠네."
"정말 그러네. 앞으로는 이렇게 해보면
더 좋지 않을까?"
"네가 볼 땐 그럴 순 있어도, 내가 그렇게 한
이유는 이러저러해."

속이 뻥 뚫리지 않나. 이런 '제대로 된 대화'로 서로의 솔직한 마음을 공유하며, 계속 맞춰갈 수 있게 되는 것이다. 진정으로 두 사람이 가까워지는 길이라 할 수 있다. 당연히 나 역시 그 영향을 받아 더욱 성숙해질 수 있는 것이고.

거북이형 인간

안 지 얼마 안 된 사이에서는, 누구나 좋은 인상을 남기고 싶어 한다. 그런데 이때 유별난 태도를 보이는 사람이 있다. '상처받지 않기 위해' 방어적인 태도를 먼저 드러내는 것.

> "세상에 믿을 사람 하나도 없더라."
> "평생 볼 것도 아닌데, 왜 잘해줘야 해?"
> "난 사람한테 쉽게 정 안 줘."
> "간 보는 사람 안 좋아해. 올 거면 오고,
> 말 거면 꺼지든가."
> "나 이용하려고 다가오는 사람들 진짜 많았어."

한때는 나도 이런 말을 하는 사람이 상처 입은 유기견처럼 느껴져, 내가 먼저 다가가고 챙겨줬다. 내가 그들을 이해하고 보듬어주면, 결국 마음을 열고 쉽게 가까워질 수 있었으니까. 하지만 그들을 수없이 경험하며 느낀 것은, 결국 이런 사람들 치고 제대로 된 사람은 없다는 것이다.

사랑받는 이기주의자

안 지 얼마 안 된 사이임에도 굳이 이런 태도를 보이는 심리는 무엇일까? 다른 게 없다. 이전에 만났던 사람들에게 거절당한 경험이 많아서이다. 유기견은 그 원인이 자신이 아니라 사람에게 있기에 잘못이 없지만, 사람은 다르다. 거의 대부분 그 사람이 원인이다. 즉, 버림받을 만한 문제가 있으니까 버림을 받은 것이다.

이들이 이렇게까지 꼬인 마음을 가지게 된 과정은 이러하다.
① 소중한 누군가를 만난다.
② 자신의 문제로 그 사람이 떠나간다.
③ '이 사람은 다를 것'이라 기대하며, 또 다른 사람을 만난다.
④ 똑같은 문제로 그 사람도 떠나간다.
⑤ 자신의 문제를 찾거나 인정하지 않은 채, 그대로 둔다.
⑥ 만나는 대부분의 사람이 떠나간다.
⑦ '사람을 쉽게 믿으면 안 된다'라고 생각한다.

어디서부터 잘못된 걸까? 누구나 미성숙한 시기가 있으니, 어떤 문제가 있는 것은 크게 상관없다. 진짜 문제는 ⑤~⑥번이다. 계속 문제를 찾거나 인정하지 않고, 상처만 쌓여가는 것.

물론 나는 다를 수 있다. 다른 사람들과 달리 나에게는 그 사람의 문제가 그리 치명적이지 않을 수도 있다. 하지만 '대중성'이나 '보편성'이라는 개념이 괜히 있겠나. 내가 평균 외의 엄청나게 특이한 사람이 아닌 이상, 아마 결국은 그를 떠날 수밖에 없을 것이다. 남들이 그 사람에게 느꼈던 똑같은 문제로 인해.

우리가 화장품을 사거나, 배달 음식을 시켜도 '리뷰'를 살펴보지 않나. 상대의 그런 '방어적인 태도'는 나보다 먼저 그 사람을 겪은 이들이 남긴 리뷰나 다름없다. 대부분의 손님이 별점 1점을 준 가게에서 시켜 먹지 않는 것처럼, 그 사람 또한 만나지 않는 게 좋은 것이다. 꼭 당해봐야 정신 차리겠나? 왜 별점 1점인지 직접 먹어보지 않아도 되는 것처럼, 그 사람에게 내 소중한 시간과 감정을 낭비하지 말길 바란다.

혹시나 그 사람이 "너는 다른 사람들과 다른 것 같다"라는 말을 하며 내 마음을 약하게 한다 해도 예외는 없다. 나에게 배신감을 느끼든 말든, 또 한 번 상처를 받든 말든, 어차피 내 인연이 아니니 그냥 떠나시라. 아무리 인류애를 발휘해봤자

사랑받는 이기주의자

그 사람은 절대 안 바뀐다. 바뀌더라도 최소한 나를 만나는 현재에는 안 바뀐다. 그동안 자신의 문제를 찾지도 않고, 고치지도 못한 사람이 나를 만난다고 갑자기 달라질 리는 없으니까.

대화 스킬 킥

: 무례한 상대에게
   담담하게 대응하는 방법

상대가 너무 부담스럽게 다가오거나 말도 안 되는 소리를 반복한다면 그냥 웃지도 말고, 정색하지도 말고, 덤덤히 무표정을 유지한 채 대꾸하지 말자. 혼자만 말을 하다가 지친 상대는 결국 혼자 실망하고, 재미없어서 떠나게 된다. 상대의 호의를 얻는 것도 좋지만, 나를 무례하게 대하는 걸 견디면서까지 얻는 호의가 나에게 무슨 의미가 있을까. 결국 내 삶에 가장 중요한 것은 나의 행복이다. 당장은 그 사람과의 관계가 중요하게 느껴질 수 있어도, 나보다 중요할 순 없는 법이다.

만약 마냥 너무 냉정하게 관계를 끊기가 어려운 상황이라면, 무표정하게 "그렇구나" 정도로 대놓고 영혼 없이 단답형으로 일관해도 된다. 진짜 눈치 없는 사람이 아니라면 여기까지 했을 때 분명 나를 조심스럽게 대할 것이다. 이후에 그 사람과 좋은 관계를 유지하고 싶다면, 추가로 한 가지만 더 해주면 된다. 상대가 무안한 분위기를 풀어보려고 다른 흥미로운 얘기를 하거나 나를 존중하는 행동을 계속할 때, 이전과는 확실하게 구분되는 긍정적인 표현을 해주는 것이다.

상대가 나를 대하는 행동에 따라 나의 태도가 냉탕과 온탕을 왔다 갔다 하는 느낌이라고 생각하면 된다. 그러면서 내가 원하는 관계의 적정온도에 점점 맞춰질 것이다.

머리 없이, 가슴만 쓰는 사랑은 '치기 어린 사랑'
가슴 없이, 머리만 쓰는 사랑은 '덧없는 사랑'
머리와 가슴을 함께 쓰는 사랑이 '진정한 사랑'

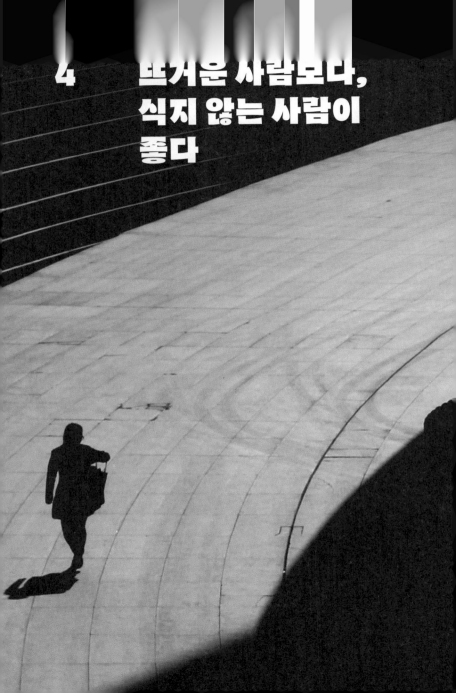

4 뜨거운 사람보다, 식지 않는 사람이 좋다

인연 같은
소리 좀 하지 마

어차피 절반은 스쳐 지나간다

"인연이면 만나겠지." 내가 제일 싫어하는 소리다. 노력하기 싫어서 하는 핑계일 뿐이고, 무책임하게 회피하고 싶어서 합리화하는 것일 뿐이다. 사람의 인연은 운運이 아니라, 내 힘으로 스스로 끌어당겨야 하는 척력斥力이니까. 당연히 점이나 타로 같은 거로 '연애운'을 보는 것도 쓸모없다는 주의다. 행동하지 않으면 아무 일도 일어나지 않고, 알아채지 못하면 모르고 지나가버린다. 인연은 그냥 사람이 하기 나름이다.

그러니 제발 인연을 대할 때, 복권 긁는 마음이나 도박하는 마음을 갖지 않았으면 좋겠다. "제발 잘되게 해주세요"라고 아무리 빌어봤자, 그 사람과 잘되기 위해 나름의 노력을 하지 않으면 달라지지 않는다. "내 인연이 아닌가 보네"라며 쿨한 척 해봤자, 내 능력이 부족함을 외면하는 일일 뿐이다. 그럼 그 사람을 놓치게 될 수밖에 없고, 다음 사람을 만나게 되어도 달라지는 건 없는 거다. 눈앞의 인연을 '운'으로만 대하면, 드물게 운이 좋은 순간 빼고는 대부분 실패하는 것이다. 매번 자기 잘못으로 헤어지면서 괜히 인연탓, 상황탓, 상대탓 하는 사람들은 이유가 있는 거지.

"나는 혼자서도 잘 살아갈 수 있어!"
"난 아무나 만나지 않아."
"사랑 같은 거 안 해도 돼~"

흔히 이렇게 사랑을 '하지 못하는 것'이 아니라 '하지 않는 것'처럼 말하며 자존심을 세우려는 사람이 있다. 그러나 이렇게 자기방어를 하면 그 순간 기분은 좋아질 수 있을지언정, 좋은 사람은 끌려오지 않는다. '끌어당김의 법칙' 같은 추상적인 이야기를 하려는 건 아니다. 정말 좋은 사람이 굳이 그 자존심까지 헤치고 뚫고 나와, 날 만날 이유가 딱히 없기 때문이라는 것. 내가 '나한테 잘 표현해주는 사람'을 원하듯 그들도 마찬가지일 테니까. 아무리 "좋은 사람 딱 1명만 있으면 돼"라고 해봤자, 그 1명이 나타날 가능성 자체가 줄어버리는 것이다.

그래서 그런지 좋은 사람을 만나게 되는 건 빈익빈 부익부가 심한 편이다. 관계를 맺는 것 자체를 좋아하고 즐기는 '밝히는 사람'이 그렇지 않은 사람보다 상대적으로 더 좋은 사람을 만날 기회를 많이 잡는다. 물론 소수와 깊은 관계를 추구하는 것의 가치를 폄하하려는 건 아니다. 너무 밀도 있는 관계에만 집착하지는 말라는 소리다. 결국 넓고 얕은 관계에도 허용적일 수 있어야, 진짜 올인할 만큼 괜찮은 사람을 만날 확률이 높아지는 것이다.

사람이 사람을 만나는 걸 좋아하는 것, 그러지 못할 때 외로워지는 것은 부끄러운 일이 아니다. "간절한 자에게 복이 있나니"라는 유명한 성경구절처럼, 그 마음에 심취하면 심취할수록 더 많은 사람을 만나, 더욱 좋은 사람을 만나게 될 가능성이 높아진다.

사랑받는 이기주의자

누구를 만나든 '최선'은 있을지언정,
'완벽'은 있을 수 없다.

너무 신중하게 딱 한 사람만 고르고 고르려는 사람일수록, 막상 좋은 사람을 만나게 되더라도 상대를 지치게 만드는 경우가 많다. 시간과 노력을 들인 만큼 한 명에게 너무 많은 것을 원하게 될 테니까. 한 명의 사람이 현명함과 섹시함, 귀여움과 로맨틱함, 거기에 책임감과 유능함까지 겸비하는 경우는 있을 수 없지 않겠나. 게다가 나만 바라보고 헌신하는 태도까지? 어후, 너무 버겁다. 신중함을 추구하느라 다양한 관계를 경험해보지 못했을 게 분명하니, 꿈도 참 야무지겠지. 그 사람이 감당하지 못할 기대를 잔뜩 한 채, 계속 더 많은 걸 바라게 될 것이다. 그러면 정말 신중하게 선택한 그 사람을 금방 놓쳐버리는 거고. 지나친 신중함이 독이 될 수 있다는 것.

우리 마음에는 언제나 욕심이 자리 잡고 있다는 걸 인정하자. 그 누구도 내 바람을 전부 채워줄 수 없다는 걸 기억하자. 그러니 신중함이라는 핑계 뒤에 숨지 말고, 친구와 연인 그 사이의 애매한 관계라도 좋으니 제발 다양하게 만나보길 바란다. 확신컨대, 그 과정에서 허상이 아닌 사랑의 실체를 발견할 수 있을지니. 그러니 너무 철벽을 치지도 말고, 호기심으로 시작되는 관계를 너무 가볍다 여기지도 말았으면 한다.

유효기한을 받아들이는 담담함

익숙함은 내 마음의 평안과 안정을 주지만, 그것이 오래되면 지루함이나 답답함으로 변할 수 있다. 언제든지. 특히 사랑이란 감정은 아무리 불타더라도 결국 재가 되는 순간이 온다. 그러다 보니 우리는 누군가를 만날 때마다, 언제 그 사람과의 끝이 찾아올까 불안해한다. 미리 마음의 준비를 하기 위해 열심히 그 기간을 가늠하려고도 하고. 상대가 너무 빨리 식어버리는 사람은 아닐지 걱정하며, 처음부터 그 사람은 거르려고 할 때도 종종 있다.

마음의 지속가능성은 '애착'으로 결정된다.

심리학에서 애착이란 어떤 대상과 지속적으로 연결된 상태나 정서적인 유대감을 말한다. 이 감정은 비단 애정전선에서만 일어나는 게 아니다. 가족이나 친구에게도, 심지어 물건이나 취향에도 비슷하게 발현된다. 그래서 그 사람의 '감정 유효기한'을 확인해보고 싶을 때, 나 말고 다른 것에 얼마나 일관성 있고 지속적으로 애정을 쏟았는지 살펴보면 된다. 아마 나에게도 비슷하게 적용될 테니.

평균 인간관계 기간 : 연애 감정 유지 기간 = 1 : 1

싫어도 어쩔 수 없이 함께해야 하는 가족을 제외하면, 친구나 직장동료 등 친하게 지내는 어떤 사람이 기준이 된다. 연애든 인간관계든 둘 다 애착의 대상이 '사람'이기 때문에 유효기한이 비슷한 편.

◈ 평소 친하게 지내는 사람이 '어릴 적부터 알던 친구들'이 대부분이다.
→ 연애 감정이 그 기간만큼 상당히 오래 지속될 것을 기대할 수 있다.

◈ **자주 붙어 다니던 사람들이 1~2년을 주기로 바뀌는 편이다.**

→ 한 사람과 애착을 가지고 연애하는 기간도 1~2년이다.

◈ **연예인 팬클럽 활동을 5년 정도 했다.**

→ 연예인의 매력에 빠지는 심리는 유사 연애에 가깝기 때문에, 실제 연애에서도 5년 정도는 마음이 변하지 않을 걸 기대해봐도 좋다.

◈ **반려동물을 정성을 다해 돌보는 기간이 3년 정도이다.**

→ 반려동물에게 정을 붙이는 마음은 사람을 대하는 마음과 비슷하기에, 연애를 3년 정도 유지할 가능성이 크다.

> 취향 유지 기간 : 연애 감정 유지 = 1 : 1.5

복합적인 감정을 나누는 인간관계에 비해, 어떤 취향이나 분야 또는 물건에 몰두하는 감정은 훨씬 단순하다. 그래서 사람을 대할 때보다 쉽게 질릴 수밖에 없고, 애착 기간 또한 더 짧다. 그래서 취향과 연애 감정의 유효기한은 1:1.5 정도로

비례하는 편.

◆ **한 가지 음식에 꽂혀 2년 동안 그 음식을 즐겨 먹었다.**

→ 대략 4년 동안 연인에 대한 애정을 유지할 사람이다.

◆ **차를 좋아해서 2년에 한 번씩 차를 바꾸거나, 집 인테리어를 2년에 한 번씩 바꾼다.**

→ 3년 정도 질리지 않고 연애할 수 있는 사람이다.

◆ **10년 이상 된 단골집이나, 취미 생활이 있다.**

→ 연애 감정이 20년 이상 지속될 가능성이 있는 사람. 결혼하기에 이상적인 타입이다.

◆ **좋아하는 시계를 3개월 내내 차고 다닌 후, 서랍장에 묵혀둔 적이 많다.**

→ 연애 감정이 5개월 정도 지속될 사람이다.

◆ **노래 한 곡에 꽂혀서 3년 동안 즐겨 듣는다.**

→ 5년 동안 한 사람만 바라볼 수 있는 사람이다.

◆ **잘나가는 축구 선수나 스포츠팀을 2년 동안 좋아했지만, 지금은 다른 유망주 선수나 구단을 응원한다.**

→ 스포츠 선수나 팀의 경우 상호교류를 하는 것이 아니라, 경기를 통한 단편적인 활동만 보여주기 때문에, 인간관계가 아니라 취향에 가깝다. 따라서 3년 정도 연애가 가능한 사람이다.

그런데 무조건 애착 기간이 길다고 좋은 것만은 아니다. 독일의 유명한 철학자 칸트의 일화를 빼놓을 수 없다. 그가 얼마나 규칙적으로 살았는지, 동네 주민들은 칸트가 산책 나오는 시간을 보고 시계를 다시 맞췄을 정도다. 칸트는 죽을 때까지 생의 대부분을 태어난 동네를 벗어난 적이 없을 만큼 애착 기간이 평생에 가까울 정도였고. 문제는 이성을 대할 때도 이게 똑같았다는 것이다. 한 여자에게 청혼을 받은 뒤, 무려 7년 동안 고민하고 청혼하러 갔지만, 그녀는 이미 다른 남자와 결혼해 두 아이의 엄마가 되어 있었다.

이렇게 지나치다 싶을 정도로 긴 시간을 기다릴 여자, 아니 기다릴 '사람'이 있을까? 이건 다소 극단적인 예시이지만, 행복한 연애를 하기 위해서는, 결국 나와 '유효기한이 비슷한 사람'

사랑받는 이기주의자

을 만나는 것이 가장 이상적이다. 어쩌면 연애할 때 제일 중요한 '궁합' 중 하나가 이게 아닐까 싶을 정도.

마음이 변하는 결정적인 이유

그 사람이 처음 나에게 끌렸을 때의 모습이 생각날지 모르겠다. 그 모습이 끌림의 도화선이 되어 깊은 관계로 발전한 다음, 서로를 더 알아가고, 추억이 생긴다. 하지만 그렇게 정이 든다 해도, 처음의 그 모습을 잃어버리게 되면? 그 사람이 나를 선택한 의미가 없어지지 않을까.

> 과거 선망했던 연예인을 볼 때
> 그때만큼 설레지 않는 건,
> 더 이상 그 시절 모습이 남아 있지 않아서다.

만약 급격히 살이 쪄서 처음 만났을 때의 이목구비가 온데간데없이 사라졌다면? 내 마음이 커지면서 점점 집착한다면? 서로를 배려하던 처음과 달리, 상대가 뭘 원하는지 하나도 신경 쓰지 않는다면? 그 사람이 처음 나에게 끌렸던 부분이 사라지고 실망스러움을 느끼는 게 당연하다. 사랑하지 않는 게 아니다. 사랑에 빠졌던 이유가 사라졌으니, 마음이 변하는 거지. 결국 외모든, 행동이든, 대화의 깊이든 그 모습은 계속 유지되어야 한다는 것이다.

외모 문제라면 단기간에 바꾸기 어려울 것이다. 피부관리를 받든, 다이어트를 하든 시간이 걸릴 테니. 하지만 그 외 행동 또는 대화의 문제라면 당장 고쳐볼 수 있다. 예를 들어, 그 사람이 나의 쿨한 행동에 매력을 느꼈는데, 어느 날부터 내가 조심스럽게 눈치를 보는 태도에 마음이 식었다면? 그럼 일부러라도 그 시절의 나로 돌아가야만 한다. 눈치를 보지 않는 척 당차게 의견을 말하고, 종종 시크한 척해보고, 그 사람과 떨어져 있을 때도 잘 사는 모습을 보여주는 것이다.

"사랑하는 데 이유가 필요해?"

당연히 필요하다. 사랑하는 데 이유가 없다는 건 정말 말도 안 되는 소리이다. 이 말이 맞으려면, 아무나 붙잡고 사랑을

　　　　　　　사랑받는 이기주의자

할 수 있어야 한다. 그런데 아니지 않은가. 사랑을 하기 위해서는 그 무엇보다 분명한 이유가 필요하다. 그걸 대놓고 말하느냐, 속으로만 생각하느냐의 차이일 뿐.

반대로 상대의 변한 모습 때문에, 내 마음이 식어버릴 수도 있을 것이다. 문제는 내가 그것을 원치 않는데, 어쩔 수 없이 마음의 변화를 알아챘을 때이다.

"형, 나 드디어 이상형에 가까운 사람을 만났어!"라며 기분이 한껏 들뜬 후배 F가 연락을 해온 적이 있다. 얼마 전에 맘에 드는 여자와 썸이 시작됐다며 행복해하던 목소리가 아직도 선하다. 그런데 몇 개월이 지나서 한잔하자며 다시 연락이 오더라. 서로 간 보던 시기가 지나고 드디어 둘만 바라보게 됐는데, 전과 달리 여자 쪽에서 너무 집착한다고. 사사건건 스케줄을 캐묻고 수시로 전화를 해주길 원하고, 주말마다 꼭 자기와 함께 있어야 한다며 이를 거절하면 서운해하는 모습을 보인다더라. F는 어느새 그녀와 사귄 걸 후회하고 있었다.

이때 가장 좋은 방법은 상대가 깨닫고 변화하는 것이다. 그런데 그건 거의 불가능에 가까울 테니, 나부터 마음을 다스려보는 게 좋다. 어떻게든 '초심'으로 돌아가기 위해 애써야 한다. 효과적인 방법이 있다. 바로 쓰는 것. 종이든, 휴대전화든, 그 어디든 써보면 깨닫게 되는 것들이 있다. 어렵지 않으니 한번 해보자.

사랑받는 이기주의자

관계의 공식

: 초심으로 돌아가
관계를 회복하는 방법

관계를 처음과 같은 마음 되돌리고 싶다면 나의 마음부터 다스려보면 어떨까. '초심'으로 돌아가기 위한 두 가지 단계를 수행해보자.

1. 상대의 '좋은 점'을 빠짐없이 써보라

아직 마음이 완전히 식어버린 게 아니라면 어느 정도 써내려갈 수 있을 것이다. 마치 사랑 고백하듯이 써도 좋고, 한풀이하듯 써도 좋다.

2. 상대의 '별로인 점'을 좋은 점과 동일한 분량으로 작성하라

분량이 같아야 한다는 게 핵심이다. 그래서 시간이 더 걸릴 수도 있고, 이걸 왜 해야 하나 싶기도 하겠지만, 둘의 관계 회복을 위해서는 반드시 필요한 단계이다. 이렇게 하면 초심이고, 흑심이고, 진심이고 상관없이 상대를 꽤나 객관적으로 바라볼 수 있게 된다. 콩깍지이든, 편견이든 덜 영향을 받게 된다. 그러면서 점점 내 마음이 균형을 잡아갈 수 있다. '그러다가 내 마음이 완전히 식어버리면 어쩌나' 하는 걱정이 들

수도 있다. 하지만 그럴 일은 거의 없다. 먼저 좋은 점부터 빠짐없이 써보지 않았나. 단지 그 사람의 양면을 동시에 바라보는 것에 의미가 있다.

좋은 점과 별로인 점. 양면의 모습을 동시에 바라봄으로써 관계 회복의 여지가 생기는 것이다. 그러면 마음이 '식어버리는' 게 아니라 정상 궤도로 '돌아오게' 된다. 진짜 좋은 모습은 다시 좋게 보고, 내가 오해하거나 착각하고 있던 모습을 객관적으로도 바라볼 수 있을 테니까.

한물간 내가,
한창인 너에게

나이가 들어도, 변함없이 사랑받으려면

나는 왕년에 좀 놀아본 유부남이다. 아니, 사실 지나칠 정도로 싱글을 원 없이 즐기다가, 너무나 좋은 사람을 만나 완전히 정착한 유부남이다. 이런 입장에서 연애코칭을 하며, 사랑에 관한 여러 고민을 들어보면 드는 생각이 있다. "한창이네~ 좋을 때다!" 갑자기 팍 늙어버린 기분이다.

> 인생은 가까이서 보면 비극이나,
> 멀리서 보면 희극이다.
>
> ― 찰리 채플린

한창 고민 중인 사람 입장에서는 꽤 심각한 문제도, 한 걸음 떨어져서 객관적으로 바라보면, 그조차 젊음의 특권일 때가 많다. 하지만 당사자는 그것을 모른다. 아무리 제3자가 "그렇게까지 고민하지 않아도 된다"고 해봤자, 당사자가 아닌 이들의 선 넘은 참견으로 느껴질 테다. 하지만 나는 좀 다를 수 있다. 한물가긴 했지만 나름 왕년에 뜨겁게 놀았고, 지금도 연애코칭을 주업으로 삼고 있으니까. 포지션으로 치면 '선수 출신 감독'이랄까. 그런 내가 진심으로 "그렇게까지 고민하지 않아도 된다"고 말해주고 싶은 것들이 있다.

아무리 "난 아직 괜찮아"라고 합리화해도 결국 나이가 들수록, 예전만큼 매력 어필이 안 되는 게 느껴지는 순간이 찾아온다. 이건 비단 나이에 예민한 사람에게만 해당되는 게 아니다. 남녀에 상관없이, 세대에 상관없이, 필연적으로 겪게 되는 인생의 과정인 것이다.

내가 16년 넘게 연애상담을 해오면서, 내담자들의 연령대는 대부분 20대 후반부터 30대 후반이었다. 그것만 봐도 '나이로 인한 현실적 한계'를 체감할 때쯤, 드디어 '노력할 필요성'

사랑받는 이기주의자

을 느낄 만큼 상황이 변한다는 것이다. 얼마 전, 친하게 지내는 소개팅앱 대표님도 이런 얘기를 하셨다.

> "온오프라인 상관없이 소개팅이 성사되는 현황을
> 보면, 확실히 37세에서 38세로 넘어갈 때쯤
> 선호도랑 성사율이 확 떨어지더라고요."

20대까지는 이런 한계를 느낄 일이 거의 없다. 딱히 애써 누군가를 찾지 않아도, 만나기가 쉬운 편이니까. 단순히 외모가 탱탱한 걸 제외하고도, 친구들이랑 같이 놀면서 자연스럽게 만날 기회가 많고, 미래에 대한 꿈과 희망을 이야기하는 것만으로도 쉽게 매력이 어필된다. 게다가 위아래로 만날 수 있는 연령의 폭까지 넓다. 일반적으로 통용되는 결혼적령기가 되기까지 시간도 남았기 때문에, "딴 사람 만나면 되지" 하며 여유까지 부릴 수 있다.

그러나 30대부터는 그런 '당연한 것'으로 생각하던 많은 것이 당연하지 않게 변한다. 단순히 외모가 늙어가는 걸 넘어, 상황 자체가 이전보다 힘들어지게 되는 것. 어떤 이들은 그걸 무척 자존심 상해하기도 하고, 어떤 이들은 절망이나 후회에 빠지기도 한다.

그런데 너무 억울해하진 않았으면 좋겠다. 20대 때 누렸던 많은 부분은 일종의 '특권'인 거니까. 당연히 그래야만 하는 게 아니라, 기나긴 인생에서 잠깐 누리는 일종의 보너스일 뿐이다. 그래서 유리한 고지에 있던 20대에 치열하게 사랑하지 않았던 사람들은, 30대가 되었을 때 더 안 풀리는 게 어찌 보면 당연하다.

하지만 희망적인 건, 20대의 보너스가 사라졌다고 나의 모든 매력이 사라지진 않는다는 것이다. 분명 우리 주위에는 나이가 들어도 매력적인 사람, 오히려 나이 들수록 더 성숙하고 농익은 매력을 보여주는 특별한 사람도 존재하지 않던가. 그들이 20대를 그리워하며 후회하고 절망하고 있을까? 절대 그러지 않을 것이라 본다. 오히려 변화하는 30대의 연애 방식을 흥미진진하게 즐기고 있겠지. 나이를 먹으며 내공이 늘어나니, 더 농익고 성숙해지는 것이다.

　　　　　　　　　　　사랑받는 이기주의자

반대로 말해,

고작 상황 좀 바뀌었다고 무너져버릴 거라면

애초에 잃을 매력조차 없었던 것.

　그렇다면 나이가 들어도 여전히 사랑받는 사람과 그렇지 않은 사람은 각각 어떻게 늙어가는지(?) 살펴보자. 다음 두 가지 유형을 비교해보면 나이가 들어도 사랑받는 사람들의 특성이 자연스레 보일 것이다.

　먼저 '과거에 겪었던 부정성에 집중하는' 유형. 이 사람들은 그동안 내가 겪었던 부정적인 경험이 또 일어날까 봐 움츠러들고, 새로 만나는 사람이 그런 모습을 조금이라도 보여주면 바로 관계를 끊어내려고 하는 경향을 보인다.

　　　'이 나이에 또 그런 상처를 받기는 싫으니까.'

　결론부터 말하면, 최악의 유형이다. 어차피 누구를 만나든 좋은 면과 싫은 면이 존재하지 않나. 그럼 나이가 들수록 누구를 만나든 "이건 싫었는데…" 하며 불만을 가지게 된다. 보통 나이가 들수록 점점 예민해지고, 깊은 관계를 맺는 걸 귀찮아하고, 주위에 괜찮은 사람이 점차 사라지는 듯한 느낌을 받는 사람이 여기에 해당되는 것. 이런 사람은 진짜 좋은 사람이 눈앞에 나타나도, 자기가 겪었던 단점이 보이는 순간 거기에 지나치게 신경을 쓰고 놓치는 경우가 태반이다. 그럼 또 의미 없이 나이만 먹고 후회만 더 늘어갈 뿐.

다른 하나는 '과거에 겪었던 긍정성에 집중하는' 유형이다. 이 사람들은 누군가를 만나면 만날수록 사람에 대한 '기대'를 하는 경향이 있다.

> '과거에 만난 사람에게서 보았던 좋은 모습이
> 이 사람에게도 있네!'
> '이런 부분이 좀 걸리긴 하는데,
> 과거에 크게 치명적이었던 건 아니었으니까
> 그냥 넘어가자.
> 이 정도 단점만 있는 게 어디야~'
> '어릴 땐 이런 것에 참 집착했는데,
> 나이 들고 보니까 별거 아니구나.'

사랑받는 이기주의자

이런 관점으로 사람에 대한 경험을 쌓으면, 점점 더 시각이 긍정적으로 바뀌고 희망에만 집중할 수 있게 된다. 나이 들수록 더욱 능동적이고 적극적이 되는 사람이 보통 여기에 해당한다 할 수 있다. 그러니 어릴 때 했던 쓸데없는 걱정이 사라지고, 먼저 호감을 표현하는 데 두려움도 없어지면서, 사소한 행동에 일일이 의미부여 하지도 않아 더 행복해지는 것이다. 게다가 진짜 나에게 잘 맞는 좋은 사람을 알아보는 객관적인 눈까지 생기니, 그야말로 '완성형'이라 할 수 있다. 당연히 우리는 나이를 먹을수록 이런 사람이 되어야 한다.

우리 주변에서 이것과 비슷한 사례를 볼 수 있는데, 바로 '꼰대'와 '어르신'의 차이다. '나이만 먹은' 꼰대는 "내가 예전에 이랬는데, 요즘 애들은 이래서 문제야!" 하며 한탄한다. 자신의 아집을 놓지 못하고, 현재에 대한 불만만 늘어놓는 모습이다. 하지만 '나이를 먹은' 어르신은 "나는 예전에 이랬는데, 요즘 애들은 이렇구나. 그런데 이런 부분을 더 보완하면 좋지 않을까?" 하는 태도를 보인다. 현재를 수용하고 자신의 경험을 덧붙이는 데 집중하는 거지. 나중에 늙어서 어느 쪽이 되고 싶은지만 생각해봐도, 뭐가 옳은 길인지 알 수 있는 것이다.

사실 그냥 '나이만 먹는' 사람은 없다. 한 살 한 살 나이를 먹을수록 노화가 찾아오고 기회는 줄어들지라도, 그만큼 어릴 때는 몰랐던 경험치가 쌓이는 것. 누군가는 그로 인해 '과거에 매몰'되기도 하지만, 다른 멋진 누군가는 그걸 '더 나은 현재와 미래'를 위한 자산으로 쓰기도 한다. 인연이라고, 사랑이라고 다를까?

이런 말은 무시해도 괜찮아

우리는 연애에 고민이 생길 때 수많은 조언자의 이야기를 듣게 된다. 유튜버나 연애 블로거, 인터넷 댓글, 그리고 주변 지인들까지. 그러나 이들의 조언을 유심히 듣다 보면 결국 같은 결론으로 귀결될 때가 많다.

"당신은 소중하니까, 헤어지세요."

헤어지면 고민의 원인인 대상이 아예 사라져버리는 거다. 그러니 이만큼 명쾌한 해결책은 존재하지 않겠지. 별로인 사람은 안 만나면 그만이니까!

하지만 세상에 문제가 전혀 안 생길 만큼 완벽한 사람이 있을까? 당연히 없다. 그럼 문제가 생길 때마다 인연을 끝내버리면 어떻게 될까? 결국 내 곁에 남을 사람은 아무도 없게 된다. 단기적으로 봤을 땐 헤어지는 게 제일 좋아 보일지 모르나, 장기적으로 봤을 땐 모든 사람을 다 쳐내버리는 무책임한 결론인 것.

그런데 왜 대부분의 조언은 "헤어지세요"로 끝나는 걸까. 특별한 이유는 없다. 그냥 그것 말고는 딱히 다른 대안이 떠오르지 않기 때문. 아무리 "넌 소중하다"는 예쁜 말로 포장한다 해도, 뜯어보면 결국 '나도 그 문제는 해결해본 적 없어서 잘 몰라~' 하며 섣부르게 조언을 하는 것일 뿐이다.

게다가 우리가 '헤어지면 그만'이라는 걸 몰라서 고민하는 걸까? 너무 잘 알아서 문제지. 그럼에도 계속 고민을 하게 되는 이유는 분명하다.

헤어지기 싫으니까.

아무리 힘들어도 그 사람을 좋아하는 내 마음을 포기하는 것보다는 나으니까, 어떻게든 계속 잘 만나보려고 고민을 하는 것이다. 당사자가 아닌 이상, 그 고민의 무게를 알 수는 없다. 나처럼 이걸로 먹고사는 전문가가 아닌 이상.

그럼 손절 잘하는 게 연애를 잘하는 게 아니라, 문제를 헤쳐나가면서 잘 만나는 게 연애를 잘하는 거라 볼 수 있다. 문제가 아예 생기지 않도록 하는 게 아니라, 문제에 얼마나 잘 대처하느냐에 달렸다는 것. 그러니 섣불리 이별카드를 꺼내지는 말자. 그 전에 해볼 수 있는 건 다 해보는 게 먼저다. 그 다음에 도저히 답이 안 나오는 최후의 순간이 되어서야 이별을 선택해야 하는 것이다. 그러니 누구나 뱉을 수 있는 "헤어지라"는 무책임한 조언은 굳이 따르지 말자.

'그러다가 더 상처받으면 어떡해?'
'나만 더 힘들어질 것 같은데….'

분명 이런 걱정이 들 수도 있을 테니, 조금 더 솔직하게 말해주겠다.

사람의 정신력은 '단련'이 된다. 마음은 곧 정신력, 정신력은 체력과 같다는 이야기를 앞에서 했다. 똑같은 신체 기관인 뇌로 하는 거니까. 그럼 우리가 아프고 힘들다고, 상처받았다고 곧바로 이별을 선택하게 되면 이게 단련될 기회가 있을까? 안 하던 운동을 했는데, 근육이 아프다고 운동을 안 해야 할까? 당연히 아니다. 운동을 했는데 근육이 아프다는 건 근육이 약하다는 뜻이다. 그때 운동을 그만두고, 그 사람과 헤어지게 되면 나는 몸도 마음도 말랑말랑 '항정살'에서 벗어날 수 없는 것이다. 잠깐 쉬었다가, 계속 해라. 뼈가 부러질 정도로 무리하지만 않으면 된다. 근육 좀 찢어졌다고 엄살 부리지 좀 말고. 오히려 아물면서 더 튼튼해질 테니 더 좋지. 나중에는 똑같은 강도의 운동을 하더라도 훨씬 덜 아프게 될 테니까.

'온실 속 화초'가 왜 약한 이미지이겠나. 온실을 벗어난 적이 없으니, 현실에 부딪혔을 때 아무 힘을 못 쓰니까 그런 거다. 그럼 바람 좀 세게 불었다고 금세 잎이 찢기고 뿌리가 뽑

히는 약한 화초는 세게 부는 바람을 탓해야 할까? 아니면 현실에 맞서본 적 없는 자신을 반성해야 할까?

생물학이나 의학에서도 어느 정도의 스트레스는 오히려 생존 능력을 길러주는 동기부여가 된다고 한다. 스트레스는 무조건 피해야 할 게 아니라, 적당한 스트레스는 받아들여서 오히려 더 능동적으로 살아가고, 문제에 직면하는 에너지로 활용할 수 있는 것이다.

그러니 적당한 상처는 좀 경험해라.

사랑 때문에 아픈 게 죽을 만큼 힘들긴 하지만, 정말 죽는 건 아니잖나. 그럼 감당 가능한 거다. 아프다는 건 변해야 하고 더 나은 사람이 되어야 한다는 거지, 아픔을 주는 대상을 무조건 피해야 한다는 게 아니다. 하루라도 더 젊은 신체와 맑은 정신을 가졌을 때, 빨리 정신과 경험의 근육을 성장시켜야 한다. 충분히 상처받고 충분히 성장하시라. 그리고 그 정도 상처쯤은 '아야' 하며 긁힌 수준이 될 정도로 강해지시라. 사랑에서 흔히 겪을 수 있는 상처에 둔감해지는 것. 그래서 사랑을 시작하는 게 두려워지지 않는 것. 그래서 사소한 것에 집착하지 않고 희망찬 미래를 기대하게 되는 것. 그게 자존감이고, 자신감의 원천인 것이다.

"당신이 내 상처에 대해 뭘 안다고?"

사과부터 하겠다. 나는 아프지 말라고 차마 위로를 해주진 못하겠다. 어차피 사랑을 하고 살 거면, 언젠가 반드시 아플 날이 오기 마련이니까. 차라리 백신을 맞는 것처럼 지금 적당히 아프고 면역력 생기는 게 훨씬 낫다. 지금보다 더 나이 먹은 다음, 뒤늦은 사랑의 열병에 시달리는 일은 없을 테니.

"이 사람을 사귀어야 할까? 말아야 할까?" 하면 그냥 사귀어라. 헤어질 땐 헤어지더라도, 그 사람을 충분히 경험해보고 헤어지는 게 무조건 이득이다. "이 사람한테 불만을 말해야 할까? 싸우기 싫으니 넘어갈까?" 할 땐 그냥 말하고 싸워라. 그게 진짜 불만이라면 언젠가는 터질 수밖에 없을 테니까. 그냥 지금 터뜨려서 오해를 풀 건 풀고, 고칠 사람은 고치고, 답 없는 사람은 빨리 버리는 게 최선이다.

그리고 "헤어질까? 말까?" 할 땐 일단 헤어지지 마시라. 먼저 그 관계를 붙들고 최선을 다해 여러 가지 시도를 해보았으면 좋겠다. 정말 할 만큼 했다 싶을 때까지. 그런데도 똑같은 문제가 반복된다면 그땐 미련 없이 헤어지면 된다. 그러면 사람은 잃었을지언정, 데이터는 남게 된다. 다음에 비슷한 상황, 비슷한 사람, 비슷한 행동을 겪었을 때 더 잘할 수 있게 되겠지. 그걸 '산전수전을 다 겪었다', '내공이 쌓인다'고 말하지 않는가. 그럼 헤어졌더라도, 결코 실패한 게 아니다. 덕분에 내가 성장하고 성숙해진 거지.

결국, 과도하게 솔직해질 것

거짓말이나 가식을 단기간 유지하긴 어렵지 않다. 하지만 그건 내 본모습이 아니기 때문에, 그걸 오래 유지하긴 어렵다. 관계가 계속 유지된다는 건 맨얼굴을 보여주고 맨살을 부딪치는 것뿐 아니라, 내 '맨 인생'까지 적나라하게 공유하는 거니까. 그래서 진짜 좋은 사람을 만나고 싶다면, 결국 나부터 진짜 좋은 사람이 되어야 하는 게 불변의 진리로 통하는 것이다.

그래서 처음 만나 서로를 알아가는 썸 단계에서는 어느 정도 포장이 필요하지만, 일단 사귀는 사이가 되었다면 주민등록번호나 통장 비밀번호 빼고는 웬만하면 모든 걸 솔직하게 드러내라. 괜히 무리하거나 겸손한 척하지 말고 못 하면 못한다, 잘하면 잘한다고 얘기해버리자. 내가 좀 부족하면 상대가 채워줄 수도 있는 것 아닌가. 착한 척 그만하고 어느 정도는 내 기분대로 행동해보자. 강도만 너무 심하지 않으면 그리 성격파탄으로 보이지 않는다. 그 사람이 실망하고 떠날까 봐 욕심 없는 척, 배려가 몸에 밴 척 코스프레도 하지 말자. 집에선 가족들한테 그렇게 안 하지 않는가. 남들이 볼 때는 좀 유난스러워 보일 만한 습관이나 취향을 다 드러내도, 자칫 엉뚱해 보일 수도 있는 내 망상까지도 허심탄회하게 말해도 된다. 처음에는 환상이 좀 깨질 수도 있지만, 시간이 갈수록 그 모습을 결국 인간적이고 솔직한 모습이라고 느끼게 될 테니까.

이런 솔직함이 내 모든 행동에 배어 있어야, 상대도 내 진짜 모습을 알아채고 거기에 맞춰줄 수 있게 된다. 만약 그 모습을 받아줄 생각이 없다면 서로 시간 낭비, 감정 낭비 하지 않고 나를 '떠나줄' 것이고, '그럼에도 불구하고' 그 모습을 이해해주는 사람이라면? 두 사람은 더욱 돈독해지고, 오래오래 행복할 수 있는 것이다.

게다가 이렇게 내 쪽에서 먼저 알맹이를 보여주면서 관계를 시작하면, 상대도 부담 없이 껍데기를 벗고 솔직한 모습을 보여줄 수 있다. 사람의 심리적 경계를 제거하는 가장 쉬운 방법은 나부터 투명하게 그 사람을 대해주는 거 아닌가. 그렇게 서로의 본 모습이 부벼지고, 부딪치고, 맞닿게 되면서 진짜 융화될 수 있는 것이다.

> "날 싫어하면 어떡하지?" … X
> "날 싫어하면 어쩌라고?" … O

귀에 딱지 앉을 정도로 들어왔듯이, 우리에게 주어진 인생은 짧다. 서로 나눌 수 있는 마음 역시 무한하지 않다. 그러니 나랑 안 맞는 사람까지 억지로 붙들고 있지 않아야 한다. 결국 내 곁에는 정말 나랑 잘 맞기 때문에 곁에 있어주는 '소수정예'만이 필요할 뿐이다. 오히려 내가 처음부터 솔직하면 솔직할수록 그런 사람들은 더 많이 끌려오고, 아닌 사람은 떨어져나

사랑받는 이기주의자

가게 된다. 그러니 너무 쫄지 말고, 척하지도 말고, 조금은 자유로워지셨으면 한다. 맨날 "내 인생은 내 것!"이라고 말만 하지 말고, 진짜 내 것인 듯 마이웨이를 유지하라는 것이다. 생각보다 큰일 안 난다.

물론, 이제껏 이런 완벽한 솔직함을 보여준 적이 없는 사람이 갑자기 솔직해지기란 너무 어려운 일일 것이다. 그러니 '이 정도까지 해도 된다'는 느낌으로 예를 몇 개 들어주겠다.

만약 내가 정말 바쁜 사람이라면, 누군가를 만나게 될 때 이렇게 얘기해보자.

"나는 연락을 하루 종일은 못 해.
일 끝나가는 저녁쯤에 연락할게."
"평소에는 네가 원하는 만큼 연락 못 할 거야.
대신 쉬는 날에 만나서 종일 놀자."

이렇게 했는데도 상대가 "무조건 연락 잘 되는 사람이 좋아. 그래도 두 시간에 한 번씩은 톡이라도 해야지"라고 고집을 부리면, 그 사람과는 맞지 않는 것이다. 억지로 맞춰서 만나게 되더라도, 분명 그게 계속 문제가 될 가능성이 높겠지. 차라리 처음부터 얘기하고 타협을 하든가, 아예 끝내든가 하는 게 서로에게 이득이다.

물론 바빠서 간간이 연락하는 사람보다는 연락을 잘하는 사람이 연애에 더 좋은 게 사실이지만, 뭐 어쩌겠나. 뭐가 더 나은지를 떠나서, 내 모습이 그러한 것을. 내가 사랑하는 일을 하느라 바쁜 거라면, 당장 상대의 마음에 들겠다고 "연락 잘할게"라며 거짓 다짐을 하지 않아도 되는 것이다. 그러면 당장은 괜찮아 보이는 사람을 놓칠 순 있지만, 종일 연락을 하는 것보다 열심히 사는 내 모습을 더 좋아하고 응원해주는 사람이 남게 되는 것. 그렇게 곁을 지켜준 사람에게만 다른 부분에서 더 잘해주면 되는 것이다.

혹은 내가 철저한 '집순이·집돌이' 스타일이고, 상대는 돌아다니는 걸 좋아한다고 가정해보자. 이때 그 사람의 마음에 들기 위해 "이제부터 너랑 놀러 다닐게" 하며 빈말을 할 필요가 전혀 없다.

사랑받는 이기주의자

"나는 맨날 같이 돌아다니진 못하지만,

일상을 풍요롭게 채워줄 순 있어."

"여행은 자주 못 가도, 맛집은 많이 다닐 수 있지.

종종 내가 쏠게."

이렇게 솔직한 나를 포기하지 않는 선에서 타협하면 될 뿐이다. 그리고 나머지는 각자의 시간을 존중하며, 건강하게 잘 만나면 되는 거지.

또는 술도 별로 안 좋아하는데, 연인이 애주가인 경우도 마찬가지이다. "이제부터 너랑 술 자주 마셔보겠다"며 거짓 공약을 할 이유가 없다.

"내가 술은 같이 못 마셔주니까,

친구들이랑 마시러 다녀도 아무 말 안 할게."

이 정도가 최선이다. 그리고 집에서 혼자 편하게 쉬고 있다가, 취해서 보고 싶다며 연락이 오면 잠깐 만나주거나 집에 바래다주면 된다.

재밌는 건, 이렇게 있는 그대로의 솔직한 모습을 보여주면, 서로 얼마나 맞는지에 상관없이 매력적으로 보일 때가 많다는 것이다. 더 주관 있고 당당해 보이니까. 그러면 그런 내 모습을 좋아해주는 사람이 더 많아지게 된다. 알아서 맞춰주는 사람도 나타나기 마련이고.

관계의 공식

: 연애할 때 시도 때도 없이
생각나는 사람의 특징

그 사람에게 하루에도 몇 번씩 생각나는 사람이 되고 싶다. 자기 전에 생각나고, 한 번 더 보고 싶은 사람이 되려면 어떻게 해야 할까? 평생 기억에 남는 사람의 특징은 무엇일까.

표현은 많이, 실행은 최소화

애정표현은 많이 하는데 막상 다가오지 않는 사람은 상대에게서 궁금 증을 자아낸다. 뭔가 적극적으로 일이 일어날 것 같지만 막상 아무 일 도 일어나지 않으면, 평화로운 마음에 파문이 일게 된다. 사람은 이미 완성된 것을 생각하기보단 미완성된 것, 채워지지 않은 것을 끊임없이 떠올리게 되기 마련이니까. 같이 가고 싶은 곳, 같이 먹고 싶은 음식, 같이 하고 싶은 걸 실컷 이야기하고 정작 하지 않는다면 상대는 더욱 안달 나게 된다. 하지만 계속 말만 하는 것이 아니라, 그것을 한 번씩 실천해야 진짜 효과를 볼 수 있다. 다른 얘기한 것 또한 일어나길 기대 하게 되기 때문이다.

똑똑한 허당

똑 부러지고 다 잘할 거 같은데, 자꾸 하나씩 틀리는 사람이 있다. 모자람 없어 보이지 않은데도 '작은 부족한 면'을 챙겨줘야 할 것 같아서 마음이 쓰인다. 관계가 깊어질수록 이것을 인위적으로 보여줘보자. 특히 내가 보여준 미숙한 면들이 그 사람의 주요 분야라면 더욱 좋아할 것이다. 그러면서 그것을 극복하고, 더 나아지려는 노력을 보여주면 호감도가 상승할 것이다.

사랑을 전하는
최고의 방법

싫어하는 걸 싫어하지 않도록

많은 사람이 원하는 '최고의 애정표현'은 어떤 게 있을까? 유명 드라마 대사처럼 "너와 함께한 시간 모두 눈부셨다. 날이 좋아서, 날이 좋지 않아서, 날이 적당해서 모든 날이 좋았다"처럼 '너의 모든 걸 사랑한다'고 표현하는 것 아닐까.

> "네가 무엇을 하든, 항상 옆에 있어줄 거야."
> "그냥 좋아, 함께하는 모든 순간과 함께하지 않는
> 시간조차."

하지만 이런 말을 아무리 해도, 그 감동은 오래 지속되지 않는다. 누구이 말했듯, 말은 그냥 말일 뿐이니까. 그래서 나이를 한 살 한 살 먹을수록, 사랑에 대한 경험이 쌓여갈수록 이런 말들은 그저 말뿐인 소리 정도로 들릴 뿐이다.

진짜 사랑은 '행동'으로 보여주는 게 아닐까 싶다. 정말 사랑하지 않으면 하지 못하고, 아무나 하지 못하는 그런 행동들.

"오빠는 내가 하지 말아달라고 말하면,
신기할 정도로 그걸 안 해서 좋아."

어느 날 아내에게 '왜 괜찮은 남자들 다 놔두고 날 만났는지' 물었을 때, 그녀가 한 대답이다. 아무리 멋지거나 즐거운 데이트를 하더라도, 지나치게 고집이 세고 사소한 부분까지 부딪치는 사람은 만나기 힘들었다고 하더라.

사람은 좋아하는 것 열 가지를 해주는 것보다, 싫어하는 것 한 가지를 맞춰주는 것에 더 크게 마음이 움직일 수 있다. 생각보다 그건 쉽지 않은 일이거든. 사람은 원래 마음이 가는 사

사랑받는 이기주의자

람에게 더 좋은 걸 해주고, 더 좋은 모습만 보여주고 싶어 한다. 그래서 싫어하는 걸 기억하고 맞춰주는 사람이 생각보다 많지 않다. 하지만 좋아하는 마음이 일정 수준 이상으로 커지면, 싫어하는 부분까지 사랑하게 되기도 한다. 그래서 상대가 더 감동하는 거겠지.

보통 이런 건 사소한 부분에서부터 시작해볼 수 있다. 초밥 먹을 때 "너 생새우 알레르기 있잖아", 설렁탕 먹을 때 "이모~ 파 빼고 주세요" 하면서 못 먹는 재료를 빼고 주문해주는 센스를 보여주자. 키가 크지 않은 상대를 위해, 플랫슈즈나 편한 운동화를 신어주는 것도 좋다. 또, 평소에도 차로 출퇴근하는 연인에게는 이런 말을 해주자. "평일에 운전 많이 하니까, 주말에는 가까운 데서 보자" 혹은 "집에 안 데려다줘도 돼. 버스 타면 금방이야". 아무리 사랑한다 해도 데이트할 때까지 운전하는 건, 내색하지 않았지만 피곤한 일일 테니까.

또, 누구나 하나쯤 가지고 있는 콤플렉스를 이해해주는 것도 좋은 방법이다. 좋아하는 사람 앞에서는 최대한 좋은 모습을 보여주고 싶어 하기 때문에, 관계가 깊어질수록 콤플렉스를 마냥 숨기기만 하는 건 상당한 스트레스다. 그러다 보니 결국 많은 사람은 자신의 콤플렉스를 이해해주는 편한 사람을 원한다.

그 사람의 미운 점을 귀엽게 바라보고, 부족한 면에 관대해지도록 하자. 콤플렉스의 상당 부분을 차지하는 외모에서부터 먼저 시작할 수 있을 것이다. 발이 못생겼다고 여름에도 운동화나 구두만 신고 다니는 사람에게 뒤만 트여 있는 편한 신발을 선물해주는 것. 뱃살을 신경 쓰는 사람에게는 물놀이를 하러 갈 때 티셔츠나 래시가드를 입자고 하는 것. 또, 경제력에 관한 스트레스를 느끼는 사람에게 "내 친구가 이런 부업으로 쏠쏠하게 벌었대" 하며 도움이 될 만한 정보를 줄 수도 있고, "사람마다 각자 잘되는 타이밍이 다른 거지. 결국 자기 길을 열심히 가는 사람들이 잘되더라" 하며 구체적인 응원을 해주는 것이다. "원래 20대 때는 돈 없는 게 정상이야"라며 자존심을 살려주는 말을 하는 것도 좋고.

싫어하는 것은 요구하기 전에 '알아서' 챙겨주고,
콤플렉스는 '아무렇지 않게' 대해주기.

사랑받는 이기주의자

그 사람의 물건까지도

"이 옷들 내가 정리해줘도 돼?
예쁘게 개어줄 테니까 나 만날 때 꼭 입고 와."

나 혼자 자취하던 시절, 당시 여자친구였던 아내가 옷 정리를 잘하지 못하던 나에게 한 말이다. 물론 평소에 내가 구겨진 옷만 입고 다녀서는 절대 아니지만, 어쨌든 굉장히 감동적이었다. 그렇게 나의 물건을 챙겨주는 것은 오로지 나만을 위한 행동이 분명했으니까. 그뿐만 아니라 평소에도 그녀는 내 노트북, 시계, 휴대전화 같은 중요한 물건들을 항상 자기 것처럼 여기며 챙겨주었다. 한번은 강릉여행을 갔을 때, 어디서 잃어버린 줄도 몰랐던 스마트폰을 찾기 위해 함께 몇 시간씩 분주하게 돌아다닌 적 있다. 덕분에 기차도 놓치고 여행의 즐거움은 쏙 들어간 채 진만 빼게 됐는데, 그 와중에도 휴대전화를 잃어버린 나부터 걱정해주더라. 그러다 결국 찾게 되었을 때, 그녀가 지은 환한 미소를 나는 지금도 잊을 수 없다.

아무리 죽으면 다 두고 가는 것들이라 할지라도, 내가 살아 있는 동안은 소유한 물건이 곧 나인 거나 다름없다. 그래서 다들 그렇게 자기 물건을 소중하게 여기는 것 아니겠나. 그 사람의 물건까지 사랑해주는 것도, 그 사람 자체를 소중히 여기는 또 하나의 방법이 될 수 있다.

특히 그 사람이 애장하는 물건을 챙겨주는 것이 가장 감동적이다. 남자라면 보통 차, 스포츠용품, 자주 입는 의류, 악기, 전자기기가 많을 거다. 차를 좋아하는 남자에게 세차권을 선물하거나, 차량 내부를 깔끔하게 정리해주면 나를 흐뭇하게 바라봐줄 것이다. 신발에 흙이 묻었다면 타기 전 한 번 탁탁 털어주고 탔을 때, 센스 있다고 생각할 것이다. 아끼는 신발에 때가 타 있으면 얼른 신발세탁소에 맡겨주거나, 취향에 맞는 이어폰 케이스를 선물하는 것도 아주 좋다. 여자라면 다이어리, 애정하는 브랜드나 캐릭터, 즐겨 먹는 간식, 친한 친구들과 찍은 사진 등을 떠올릴 수 있다. 그녀를 닮은 캐릭터가 있는 다이어리 스티커(일명 다꾸용)나 예쁜 펜을 선물하면, 자신의 일상을 소중히 여겨주는 듯한 느낌을 받게 된다. 애정하는 브랜드나 캐릭터를 나도 하나 소장해주면, 그 마음이 참 예뻐 보인다. 취향을 공유하는 뿌듯함을 안겨줄 수 있으니까. 내 가방에 항상 그녀가 즐겨 먹는 간식이나 좋아하는 향수를 가지고 있다면, 분명 또 한 번 반하게 될 것이다.

그 사람의 물건에 귀여운 애칭이나 별명을 붙여, 재미와 유머까지 더해보는 것도 좋다. 남자친구가 타는 구형차가 소리만은 스포츠카처럼 우렁차다며 '할보르기니'라고 부르던 지인이 생각난다. 언덕을 올라갈 때 "할아버지 힘내!"라고 응원까지 해준다고 하더라. 의류에는 별명 붙이기가 더 쉬운데, 자주 쓰고 다니는 모자에 '다섯 살 어려지는 모자', 안경에 '잘생겨 보이는 안경' 같은 긍정적인 의미를 붙여줄 수 있다. 가방을 '도라에몽 주머니'라고 부르고, 내가 사준 벨트나 팔찌에 '사랑의 족쇄'라는 캐릭터를 입힌다면, 착용할 때마다 내 생각이 날 수밖에 없을 것이다. 아내도 연애 시절에 내가 쓰는 '에어팟'에 '근덕이(본명)의 콩나물'이라는 별명을 붙여주기도 했다. 그런 그녀의 행동이 사랑스러웠던 나는 얼마 뒤 그녀에게 '(스테)파니의 문어'라고 이름을 붙여 '에어팟 프로'를 선물했다.

내 손 안에서 자유를

"아무리 우리가 한 가족이 되었어도
자기 삶을 잃어버려선 안 돼.
그래야 부부의 역할도,
부모의 역할도 제대로 할 수 있을 거야."

아이를 낳고 아내가 내게 해준 말이다. 절로 머리가 끄덕여졌다. 아무리 자기 역할을 잘해내고 있어도, '자신의 삶'이 사라지면 쉬이 마음이 무너지게 될 테니까.

부부나 부모의 역할뿐 아니라 '연인'으로서도 마찬가지라고 본다. 특히 사랑을 시작하면, 상대의 모든 걸 구속해도 된다고 생각하는 사람이 참 많은데, 그런 관계는 절대 오래갈 수 없다. 각자 살아온 삶이 맞물리면서 마음이 포개어지는 게 진짜 사랑인 거니까. 어느 한쪽이 일방적으로 맞춰주거나 희생을 요구하는 건, 사랑이 아닌 소유욕을 채우려는 욕심일 뿐이다.

물론 '연락을 더 자주 하는 것'이나 '말을 좀 더 다정하게 해 주는 것' 같은 소소한 부분들은 참견해도 괜찮겠지. 하지만 스케줄을 일일이 통제하려 들거나, 그 사람에게 중요한 인간관계를 무턱대고 정리하라고 하거나, 인생의 방향을 결정하는 부분에 과도하게 참견하는 등 상대의 인생 자체를 구속하는 건 사랑을 깎아먹는 행위다. 그럴 바에는 차라리 헤어지는 게 낫다.

그러니 그 사람에 대한 최소한의 예의이자 최고의 배려로 '일정 이상의 자유'를 선사하자. "내가 없어도 잘 사네?"라는 식으로 삐딱하게 생각하지 말고, 그 사람을 독립적인 개체로 존중하라는 거다. 이게 얼마나 중요하냐면, 내게 연애코칭을 받은 수강생들에게 제일 많이 했던 말 중 하나가 "그냥 냅두세요"일 정도다. 제발 자유를 줄 때는, 확실하게 그걸 만끽하도록 그냥 내버려둬라.

> 함께 있되 거리를 두라.
> 그래서 하늘 바람이 너희 사이에서 춤추게 하라.
> 서로 사랑하라.
> 그러나 사랑으로 구속하지는 말라.

그보다 너희 혼과 혼이 두 언덕 사이에 출렁이는
바다를 놓아두라.

— 칼릴 지브란

1. 절대 포기하지 못하는 것에 대한 자유

가족 문제, 금전적인 부분, 오랜 습관이나 직업, 유달리 애
착을 가지는 취향 등은 누구나 인생에서 중요한 부분이다. 솔
직히 이건 사랑하는 사람과의 관계보다 더 비중이 클 때도 있
다. 그러니 누구를 만나도, 아무리 마음에 들지 않더라도, 이
부분에서만큼은 상대를 존중하고 믿어주는 것이 좋다.

그런데 유독 '취향의 영역'은 이걸 망각하는 사람이 많다.
예를 들어 그 사람이 일주일에 한두 번 정도 술자리로 스트레
스를 푸는 타입인데, 무조건 "술은 안 좋으니 끊었으면 좋겠
다"라든가 "술자리에 나가는 게 불안하다"며 엄격하게 구는 것
이다. 물론 그 마음은 이해한다. 나도 술을 안 좋아하는 편이
고, 술 좋아하는 연인 때문에 고생한 적이 많기 때문. 하지만
그래도 아닌 건 아니다. 그 사람에게서 최애의 자유를 뺏는 걸
수도 있으니까.

사랑받는 이기주의자

물론 사랑하는 사람의 건강을 걱정하거나 이성 문제가 있을까 봐 불안할 수 있다. 하지만 적당히 즐긴다는 가정하에, 충분히 존중해줄 수 있는 취미이자 기호식품이지 않나. 게다가 합법이기도 하고. 그러니 상대에게 술이란 존재가 삶을 풍요롭게 해주는 요소라면, 함께 술을 마셔주지는 못할망정 너무 억압하지는 말도록 하자. 정 걱정되면 '일부분만 제한'하는 식으로 잘 타협해보는 쪽으로 가야지. 실제로 아내가 술로 스트레스를 푸는 타입이기에, 나 또한 그렇게 하고 있다.

이렇게 섭섭함이나 화난 감정을 드러내지 않는 선에서, 받아들일 만한 수준으로 부드럽게 말해보자.

"연락할 때 오타 안 나올 정도까지만 마셔."
"술자리 나갈 때는 누구랑 어디에서 마시는지
얘기해주고, 다음 날에는 그날 어떤 일이
있었는지 꼭 알려줘. 그러면 언제든지 보내줄게!"

게임으로 스트레스를 푸는 사람이라면 일상생활에 지장을 줄 정도로 빠지지 않는 이상, 넘어가주는 게 배려이다. 혹은 나랑 함께 할 수 있는 게임이 있나 알아보는 것도 좋고. 참고로 이건, 게임을 좋아하는 나에게 아내가 해주는 배려이기도 하다.

> "나도 같이 해보고 싶은데,
> 네가 하는 건 너무 어려워.
> 같이 할 수 있는 쉬운 게임은 없어?
> VR이나 닌텐도를 같이 하면 재밌을 것 같지 않아?"

아이처럼 편식이 심한 사람에게 무작정 식습관에 대해 잔소리해봤자 반발심만 들 뿐이다. 거부감이 들지 않는 선에서 적당히 제안하는 건 어떨까.

> "채소 별로 안 좋아하지만, 파전은 어때?
> 진짜 괜찮은 맛집 찾았는데,
> 해산물이 많이 들어서 네가 좋아할 거야.
> 거기서 막걸리까지 한잔 어때?"

2. 우선순위가 아닌 것에 대한 자유

관계에 별다른 영향이 없는 부분까지 내 뜻대로 상대를 움직이려는 사람이 있다. 서로의 행복을 위해서가 아니라 오직 자신의 만족을 위해서 그 사람을 통제하는 것이다. 슬프게도 이런 삐뚤어진 욕망은 낮은 자존감과 애정결핍에서 비롯되는 것이다. 그래서 정상적인 사람이라면, 그 모습에 거부감을 느끼고 결국 떠나게 되기 마련이다.

그렇기 때문에 아무리 같이 맞춰가고 싶은 부분이 있어도, 그게 우리 관계에 결정적인 역할을 하지 않는다면 과감하게 놓아버리자. 차라리 '적당한 자유'를 준 뒤, 정말 지켜줬으면 하는 부분을 집중적으로 요구하는 게 낫다. 사람은 모든 걸 억압하면 반발하지만, 숨통을 틔워주면 적당히 순응하기 마련이니까. 자유와 통제를 왔다 갔다 하며 즐겁게 지내면서, 결국 내 '부처님 손바닥 안'에 머물게 되는 것.

◈ **일상적인 연락에서**
"아침에 출근하기 바쁘면, 연락 못 할 수도 있지."

◈ 함께 침대에 누워 있을 때

"너 잠버릇 있는 거 아니까, 편하게 돌아서 자."

◈ 음식 궁합이 안 맞는다면

"내가 좋아하는 회를 같이 못 먹어서 아쉽지만,

그건 친구들이랑 먹으러 갈게!"

◈ 자주 늦는 사람에게

"좀 늦으면 어때? 기다리면서 다른 거 하고 있을게."

이런 부분을 '이해해줄 수 있는 부분'으로 생각하지 않고, '반드시 지켜야 할 행동'으로 알고 살았다면 혼란스러울 수도 있으리라. 그런데 솔직히… 이거 좀 덜 지킨다고, 좀 안 맞는다고 헤어지는 건 아니지 않은가. 사실 조금 관대해져도 전혀 문제없는 부분이다.

사랑받는 이기주의자

대화 스킬 킥

: 내 실수를 용서받는
   최고의 방법

내가 실수로 약속을 지키지 않았을 경우, 상대는 나에게 신뢰를 잃을 것이다. 이때는 무조건 먼저 용서를 구해야 한다. 그것만으로 신뢰가 회복되지 않는다면, 추가로 내가 어떤 '불이익'을 감수할지 먼저 제안해볼 수도 있다. 스스로를 벌하는 모습을 보여주는 것이다. 일종의 재발 방지 대책을 세우는 것. 이 과정이 당연해 보이지만 '구체적인 사과 → 책임 인정 → 재발 방지 약속'의 사과 방식은 존 달리라는 미국의 사회심리학자가 실험으로 증명한 내용이니 믿어도 된다.

술을 많이 마셔서 연인과 연락이 두절된 경우

일단 "정말 미안하다"며 사과를 한다. 미안하다고만 끝나는 게 아니라 "대신 내가 2주 동안 금주할게", "당분간은 혼술만 할게"라고 말해보자. 혹은 기존에 잡혀 있던 다음 술 약속을 취소해보자. "내가 너무 미안해서 안 되겠다"며 "술 마시고 연락이 안 되면 네가 걱정하니 너에 대한 사죄라고 생각하고 술 약속에 참석하지 않을게. 미안"이라고 이야기하면 된다. 그럼 상대는 충분히 용서해줄 마음이 들 것이다.

늦잠을 자서 약속시간에 늦은 경우

마찬가지다. 먼저 용서부터 구한다. 이때 한참을 기다렸을 상대에게 자신의 잘못을 분명하게 인정하는 것이 포인트다. 두루뭉술 "미안" 하고 넘어가는 것은 오히려 화만 돋울 뿐이다. 그리고 30분 이상 늦은 날에는 작은 거라도 좋으니, 무조건 선물을 사주겠다고 약속하자. 혹은 다음 약속에는 무조건 30분 더 일찍 와서 데이트할 곳을 미리 답사하고 있겠다고 얘기하자. 약속시간에 늦은 것 이상의 노력을 하는 모습을 보여주는 것이다.

결혼과 비혼,
제일 깔끔한 정답

결혼, 정말 좋을까

살면서 싫든 좋든 우리는 '결혼'이라는 사회제도를 의식하며 살아갈 수밖에 없다. 결국 '비혼非婚'이란 말도 '당연히 하는 결혼을 나는 하지 않는 것'이라는 '결혼을 의식한 개념'이니까. 그렇기 때문에 나이가 한 살 한 살 먹을수록 반드시 여기에 대해 진지하게 고민하게 되는 순간이 찾아온다. 어쨌든 적령기라고 불리는 골든타임이 존재하므로.

"평생 함께할 수 있는 짝은 있어야 하지 않을까?"
"정말 결혼해서 행복할 수 있을까?"

"단순히 외롭기 싫다는 이유로 나를 잃어버리는
선택을 하는 건 아닐까?"
"그냥 한 번 갔다 와볼 수도 없는 거고."

이런 결혼과 비혼에 대한 고민이 더 커질 수밖에 없는 이유
는 특히 요즘은 결혼의 장점이 많이 퇴색되었기 때문이다. 예
전에는 결혼이라는 게 인생에서 달성해야 할 당연한 과업처럼
느껴졌지만, 요즘은 대를 이어야 하는 압박이 있는 것도 아니
고 혼자 편리하게 살면서 즐길 거리도 많아지다 보니 굳이 결
혼할 이유를 못 느끼게 되는 것이다. 게다가 경제적인 부담도
더 커졌고, 실제로 안 하는 사람이 너무 많이 늘어나서 크게
소외된다는 느낌도 덜하기까지 하다. 그래서 현재 정말 행복
한 결혼생활을 하고 있는 나 역시 "결혼을 반드시 해야 한다"
고 권장하지는 않는다.

하지만 그렇다고 비혼을 너무 성급하게 결정하진 않았으면
한다. 비혼을 선택한 걸 뒤늦게 후회하는 사람이 많은 것도 분
명한 사실이니까. 계속 나이가 들다 보면 20~30대까지는 당
연히 누리던 많은 것에 제약이 생기기도 하고, 점점 자유로움

보다는 외로움을 더 크게 느끼게 되기도 하고, 살면서 겪게 되는 사건사고들로 인해 인생관이 바뀌면서 후회가 밀려오기도 하는 것이다.

보통 비혼을 선택한 이유가 주위에서 다들 좋다고 하는 것에 휩쓸려서, 온라인 커뮤니티에 올라오는 결혼에 관한 부정적인 사연을 보고 겁나서, 방송에서 당당하게 싱글라이프를 즐기는 멋진 사람들을 보고 부러워서 심사숙고하지 않고 선택한 경우가 대부분이다. 혹은 개인의 성향이나 상황에 따라서는 자유로운 싱글보다 배우자와 가족의 존재에서 더 큰 삶의 시너지가 생기는 경우도 많고.

그러니 결혼과 비혼은 각각의 장단점을 꼼꼼하게 따져보고 최대한 신중하게 결정지어야만 한다. 그것이 오랜 행복을 만끽할 수 있는 진짜 나를 위한 선택이다. 어차피 '결혼의 단점'은 많은 기혼자가 "결혼하지 마!", "해도 최대한 늦게 해!"라고 하는 말을 온라인에서나 주위 사람들에게서 많이 들을 수 있으니 여기선 언급하지 않겠다. 이미 그런 얘기를 수없이 들어왔기 때문에 결혼과 비혼을 고민하는 것 아니겠는가.

그러니 나는 요즘 세상에서 '결혼을 하면 좋을 만한' 3가지 포인트를 말해보겠다. 이것을 원하느냐 아니냐에 따라, 결혼한 뒤 후회할지 아닐지 정말 잘살 수 있을지에 대한 고민을 어느 정도 해소할 수 있을 것이다.

막연한 자유 vs 보장된 행복

비혼주의자들이 늘 하는 얘기가 있다.

"혼자 있으면 할 수 있는 게 얼마나 많은데~"

물론 혼자 있으면 나의 자유를 제한할 만한 것이 많지 않기 때문에, 간섭 없이 많은 걸 즐길 수 있다. 사실 이런 이유 때문에 나 역시 20대 후반까지는 비혼주의자였으며, 당시 만나던 여섯 살 연상 전전 여친이 나와 결혼하길 원할 때도, 그녀의 눈을 똑바로 쳐다보며 고집스럽게 얘기할 정도였다.

"나는 결혼 자체를 할 생각이 없으니까,

너랑도 안 할 거야."

그 말을 하자마자 그녀의 한쪽 눈에 흘러내리던 눈물이 아직 생생히 기억난다. 사랑하던 그녀에게 그렇게 냉정하게 말할 정도로, 당시 나는 싱글라이프에 충분히 만족하면서 살았다. 거기다 결혼하지 않고도 외롭지 않을 자신감까지 있었고. 그런데 지금 와서 그때를 떠올려보면, 나는 '외롭지 않을 수 있는 상황'이니 싱글을 선택한 '조건부 비혼주의자'였다.

그 후 금슬 좋은 우리 부모님을 포함해, 꾸준히 행복한 결혼생활을 하는 많은 사람을 보며, 나는 자유보다 중요한 게 있다는 걸 점차 깨닫게 되었다. 아무리 혼자가 편하고 뭐든 할 수 있다 하더라도, 아무리 외로움을 잘 느끼지 않아도, 누군가와 함께했을 때 그보다 더 큰 행복을 누릴 수 있는 걸 알았기 때문이다.

언제든 나만의 시간을 가질 수 있더라도, 내가 번 돈은 온전히 내가 쓸 수 있더라도, 항상 안락한 개인 공간을 가질 수 있더라도, 혼자서는 그 즐거움이 오래가지 않는다. 자유로움과 편안함만이 사람이 느끼는 최고의 행복이 아니기 때문이다. 누군가와 함께했을 때만 얻을 수 있는 안정감도, 평생의 추억을 공유하는 존재에게서만 느낄 수 있는 소중함도, 계산이나 불안 없이 온전히 사랑을 주고받는 것에서 오는 충만함도 살면서 느낄 수 있는 최고의 행복이 될 수 있다. 그래서 짝이 없는 많은 사람이 종종 '누군가와 함께였다면 더 좋았을 텐데…' 하며 편안함을 외로움으로 느끼게 되고, 공허해진 마음한켠을 달래기 위해 새로운 재미를 찾아 계속 동분서주하는 것이기도 하다.

코드가 잘 맞는 친구들과 노는 것도 마찬가지다. 그들과 어울리며 얻는 즐거움과 배우자에게서 얻는 만족감은 그 색깔이 조금 다르다. 친분이나 우정을 바탕으로 하는 만남이 청량한 푸른색의 느낌이라면, 항상 내 곁을 지켜주는 배우자와 추억을 쌓는 건 부드러운 베이지의 느낌이라고 할까. 아무리 재밌게 어울릴 수 있는 사람이 많아도, 아무리 혼자서 잘 놀아도, 세상에 하나뿐인 반쪽이 채워줄 수 있는 부분을 대체할 수 없을 때가 많은 것이다.

사랑받는 이기주의자

♪ 혼자인 게 좋아 나를 사랑했던 나에게
또 다른 내가 온 거야 ♬

— 〈아름다운 구속〉 by 김종서

　어차피 인생은 행복과 불행의 연속이다. 어떤 삶을 선택하든, 그것을 통해 얻을 수 있는 것만큼 리스크가 있을 수밖에 없기 때문이다. 그러니 결혼을 하든 비혼을 택하든, 결국 그 행복의 총량은 결정되어 있다고 봐도 무방하다. 우리는 그중 '어떤 종류의 행복을 더 원하느냐'에 따라 삶의 방향을 결정하면 된다.

◆ **비혼의 행복**

혼자일 때의 공허함 -100

나이 들어감에 따른 불안감 -200

하고 싶은 걸 다 하는 자유 +100

책임질 게 적어 마음이 편안함 +300

계속 설레는 사람을 만나는 만족감 +200

= +300의 행복 (새 연애를 제외하면 +100)

◈ **결혼의 행복**

책임져야 할 게 늘어남 -100

내 시간이 사라짐 -200

함께하는 것에서 오는 안정감 +300

평생을 같은 기억과 시간을 공유하는 기쁨 +100

나의 분신이 생기는 충만감 +200

= +300의 행복 (아이를 제외하면 +100)

설레는 기억 vs 누적되는 추억

'자유로움'과 '함께하는 즐거움'을 모두 잡고 싶은 사람이라면, 이렇게 생각할 수도 있을 것이다.

　　　'그럼 연애만 해도 되는 것 아닌가?'

맞는 말이긴 하다. 그래서 Always가 아니라, All Ways을 선택하는 사람도 요즘 적지 않다. 여러 사람에 걸쳐 연애만 하면서 살아도 함께하는 즐거움을 충분히 누릴 수 있으니까. 게다가 피카소Pablo Picasso처럼 7명과 결혼과 이혼을 반복하고 바람을 피울 거라면, 클림트Gustav Klimt처럼 평생을 비혼으로 14명의 연인을 만나는 게 차라리 낫지 않을까 싶기도 하고.

그러나 '두 사람이 함께한다'는 건 단순히 '애정을 나누는' 것만 있는 게 아니다. '오랜 시간 동안 기억을 공유'하는 것이 함께 이루어져야 마음이 더욱 충만해질 수 있다. 흔히 정情이 든다고 표현하는 부분이다. 하지만 연애만 해서는 그런 마음이 온전히 충족되지 않을 때가 많다. 결혼 같은 '공식적 계약'이 아니라, 그 순간의 감정에 충실해 맺은 '구두 계약'에 가깝기 때문이다. 아무리 "사랑해"라고 말하더라도, "헤어지자"라는 말 한마디에 끝나버릴 수 있는 불안정한 관계인 것이다. 그래서 결혼에 비해 상대적으로 이전의 기억이나 추억을 공유하는 데 분명한 한계가 있다.

예를 들어, 내가 A라는 연인과 올해 놀이공원에 놀러 갔다고 가정해보자. 그런데 내년에는 A랑 헤어지게 되어 B라는 연인과 또 놀이공원에 놀러 가게 되었다. 그러면 추억이 누적되는 게 없다. 그럼 나는 '비슷한 형태의 즐거움'을 반복해서 느끼게 된다. A와 탔던 롤러코스터를 B와도 타고, A와 구입한 기념 머리띠를 B와는 모양만 바꿔서 하고 다니고, A와 사 먹은 추로스를 B와 또 사 먹는 식으로 말이다.

그에 비해 결혼을 한 다른 사람은 배우자인 C와 놀이공원에 놀러 갔다. 아마 그가 놀이공원을 좋아한다면 내년에도 똑같은(?) 배우자와 다시 놀이공원에 가게 될 것이다. 그러면 내년에 갔을 때는 거기서 하게 되는 것, 대화의 내용 등이 여러 방향으로 변화하게 된다.

"그때 이거랑 저게 재밌었으니까, (누적된 기억)
이것만 두 번씩 타고 남는 시간에 맛있는 거
먹으러 가자!" (행위 변화)

"너 그때 이거 타다가 음료수 흘렸잖아! (누적된 기억)
이번엔 다 먹고 타~ 바보야!" (행위 변화)

"작년에는 놀이공원 갔다가 호캉스 갔으니까,
(누적된 기억)

이번엔 카라반이나 글램핑을 가볼까?" (행위 변화)

"저번에는 우리 둘이 가봤으니까, (누적된 기억)

이번엔 친구 커플이랑 같이 가보자!" (행위 변화)

한번 같이 경험한 사람과 '재경험'을 하게 될 때, 그것은 단순히 반복된 감정을 느끼게 되는 것이 아니다. 변화된 다른 행위를 하게 되면서, 더 심도 있고 풍부한 경험으로 재창조되는 것이다. 연애를 많이 해본 사람들이 입버릇처럼 "만나도 다 그 사람이 그 사람이고, 부질없고 귀찮아"라고 말하는 것도 바로 이런 '누적된 기억'의 맛을 느끼지 못해 결국 지쳐버린 거라 할 수 있다. 아무리 새롭게 만난 사람에게 호기심과 설렘을 느낄 수 있다 해도, 그것 또한 살아가면서 비슷하게 반복될 수밖에 없고, 누구를 만나든 대체 가능한 '흔한 감정'이 되어버린다. 그래서 할리우드 배우 조지 클루니 같은 희대의 바람둥이도 뒤늦은 나이(53세)에나마 결혼해 지금껏 한 여자만 바라보는 것이다.

굳이 전형적일 필요는 없다

'기혼자'라는 단어를 들었을 때 많은 미혼의 머리에 떠오르는 이미지는 우리가 익히 봐온 아줌마, 아저씨, 엄마, 아빠의 모습에서 크게 벗어나지 않는다. 늘 집에 있고, 희생만 하고, 억척스러워지고, 내 삶을 잃어버리는 일반적인 모습들. 왠지 짠하기도 하고, 나도 그런 삶을 살게 될까 봐 두렵고, 하고 싶은 것보다 해야 할 것에 평생 얽매일 것 같아 답답해지곤 한다. 그럴 바에야 차라리 비혼을 선택하는 게 현명하다 생각하는 건 당연하다.

하지만 세대가 바뀔수록 대화의 형태도 바뀌고, 노는 방식도 바뀌지 않던가. 심지어 시대의 변화가 빠른 요즘은 고작 10년 차이에서조차 세대차이가 느껴질 정도다. 하물며 '결혼의 형태'라고 바뀌지 않을 이유가 있을까. 우리가 익숙하게 봐온 윗세대의 결혼생활이 어떤 모습이건, 상대적으로 일찍 결혼한 또래들이 어떻게 살고 있건, 앞으로 내가 일구어갈 결혼생활이 그와 똑같을 이유는 전혀 없다. 싱글들이 살아가는 라이프스타일도 10년 전과 지금은 많이 다르듯, 기혼 라이프스타일

사랑받는 이기주의자

또한 내가 원하는 방향으로 바꾸어갈 수 있는 것이다.

실제 결혼생활을 소재로 한 네온비 작가의 웹툰 〈결혼해도 똑같네〉에서 나오는 부부의 모습이 대표적이라 생각한다. 같은 생활공간·작업공간을 사용하는 작가 부부임에도, 각자의 취향을 완전히 존중하고 분리해서 더 재밌게 사는 그들의 모습이 내 눈에는 정말 이상적으로 보였다. 일전에 인터뷰 콘텐츠를 촬영한 '8년 연애 끝에 결혼한 부부'도 마찬가지였다. 둘은 커플이기도 하지만 매니저와 총무라는 역할로 오랫동안 배드민턴 모임의 운영진이었고, 함께 배드민턴 대회에 나가는 복식팀이었으며, 남편 쪽에서 아내가 실력 있는 후배(남자)와 한 팀으로 대회에 나가도록 양보하기도 하는 스포츠 동료였다. 그리고 아내가 남편과 결혼을 결심한 순간은 '진짜 아들처럼 우리 엄마를 대해주어서'이기도 했다. 일반적인 커플의 형태에 얽매이지 않고, 당사자들이 진정으로 원하는 것을 찾았기에 계속 행복하게 살 수 있었던 것이다.

배우자라고 해서 무조건 '남편', '아내'라는 경직된 역할만 지킬 필요는 없다. 가족이자, 친구이자, 같은 모임 회원이자,

각자의 일에서 경쟁하는 선의의 라이벌 같은 '다양한 역할'만 추가해도 이전 세대가 보여준 결혼생활의 단점을 충분히 보완할 수 있다. 결혼으로 완전한 내 편을 만든 후, 거기서 비롯된 안정감을 베이스로 내가 원하는 형태의 결혼생활을 꾸려가는 것이다.

나 역시 단순히 각자의 취향을 존중하는 것을 넘어, 배우자의 독립된 라이프스타일을 밀어주기까지 하는 편이다. 내 아내는 학창시절부터 단 한 번도 알바를 쉰 적이 없고, 성인이 되어서도 항상 자기가 원하는 일을 하며 살았다. 그래서 돈을 쓰더라도 자기가 번 돈으로 쓰고, 온전히 자기 능력으로 인정받는 것에 익숙한 사람이다. 그런 그녀가 임신과 출산으로 처음으로 일을 쉬게 되니, 계속 집 안에 틀어박혀 있는 자신의 삶을 진지하게 고민하더라. 그래서 나는 부부의 행복을 위해 단순히 집안일과 육아만 분담하는 것으로 그치지 않고, 일반적인 부부의 형태를 벗어나자고 제안했다.

"아무리 늦어도 5년 뒤부터는 내가 주부의
삶을 도맡을게. 어느 정도 자리를 잡으면,

집에서 일할 수 있을 테니까.

그때부터 넌 창업을 하든 취업을 하든

밖에서 하고 싶은 거 다 하면서 살아."

이게 우리에게 딱 맞는 방식이었고, 그녀도 흔쾌히 동의했다. 지금은 그날을 위해 하루하루를 충실히 살아가는 중이고. 그런데 이건 단순히 그녀만을 배려한 선택은 아니다. 나는 그녀와 반대로 집돌이 성향에, 육아에 욕심 많고, 혼자서도 잘 놀고, 커리어의 대부분이 온라인 기반이니 나한테도 좋은 것이다.

물론 사람마다 상황도 조건도 능력도 생각도 다 다르기 때문에, 우리 부부의 방식이 무조건 이상적이라고 할 수는 없다. 하지만 굳이 틀에 박힌 부부의 역할, 맞지 않는 결혼생활 방식을 고수하지 않는 좋은 예가 될 수는 있다고 생각한다. 그러니 단순히 "난 저렇게 살기 싫으니까, 결혼도 안 해!"라는 1차원적인 생각 때문에 비혼을 선택할 이유는 없는 것이다.

개인적으로 나는 결혼을 권장하는 편이다. 하지만 누구나 결혼을 해야 한다고 생각하지는 않는다. 그저 우리가 나이를 먹으면서 결국 선택할 수밖에 없는 '결혼'과 '비혼'에 대해, 무작정 남들의 말만 듣고 겁을 내거나 맹목적인 자유만 갈망하지 않았으면 하는 것이다. 인생의 가장 중요한 부분을 결정짓는 선택이니까.

남들이 말하는 '결혼하면 안 되는 이유들'보다 이런 '결혼했을 때의 장점들'이 더 중요하게 느껴진다면, 결혼이 체질이라 봐도 된다. 비혼을 선택하면 반드시 후회하게 되는 사람인 것이다. 그럼 결혼을 비판하는 사람들의 말을 듣지도 말고, 화려한 싱글라이프의 꿈에 혹하지도 말고, 젊음의 골든타임이 지나기 전에 결혼을 선택하시라. 정 싱글라이프가 만족스럽다면, 차라리 그냥 '늦게 한다'고 생각하면서 살면 된다.

사랑받는 이기주의자

관계의 문장

: 새로운 사랑 앞에서
   필요한 태도

"중요한 것은 사랑을 받는 것이 아니라, 사랑을 하는 것이다."

— 서머싯 몸

"상대를 대할 때 나에게 대하는 것과 동일하게 소중하게 대하라."

— 공자

"미숙한 사랑은 '당신이 필요해서 당신을 사랑한다'고 하지만
성숙한 사랑은 '사랑하니까 당신이 필요하다'고 한다."

— 윈스터 처칠

"사랑은 두 사람이 마주보는 것이 아니라 같은 방향을 바라보는 것."

— 앙투안 드 생텍쥐페리

에필로그

그것이 사랑이든, 사람이든, 행복이든

상대에게 너무 많은 기대를 하거나 어떤 특별한 의미부여를 할수록, 너무 극단적으로 관계를 바라보게 된다. 일명 '기면 기고, 아니면 아니다'는 식으로.

"나를 중요한 사람으로 생각하기는 할까?"
"왜 날 대하는 태도가 예전 같지 않지?"
"내가 안 좋아하는 재랑 왜 어울리는 거야?"

하지만 모든 관계는 음식을 먹을 때 '맛'을 느끼는 것과 같지 않나 싶다. 내가 그 사람에게 가장 좋아하는 메뉴가 아니더라도 '맛만 있으면' 좋은 사람이 될 수 있는 것. 결국 또 찾게 되고, 비용을 지불해서라도 다시 보고 싶어지게 되기 마련이다. 굳이 그 사람에게 내가 중요한 사람인지 아닌지를 궁금해하며 애태우지 말자.

이 책에서 인간관계에 대한 상당히 냉정한 관념을 느낄 수 있었으리라. 심하면 '정말 피도 눈물도 없는 소리를 지껄인다'고 생각했을 수도 있고. 사실, 그게 바로 내가 바라던 것이다. 그렇게라도 해서 당신이 모든 관계를 대할 때 가슴 졸이지 않았으면 하니까. 그러면 조금은 여유가 생기지 않을까. 내가 말

사랑받는 이기주의자

한 만큼의 냉정함은 아닐지라도, 최소한 달아오른 머리가 미지근하게 식혀질 정도는 되겠지.

솔직히 아무 생각이 없어도 좋다. 지나치게 생각이 많아도 괜찮다. 그저 좋아하는 사람들과 잘 어우러지기만 하면, 내 의도나 진심은 알아서 진정성을 찾아갈 테니까. 이기적이든 이타적이든 그런 게 무슨 상관있을까. 그저 사랑을 받느냐 마느냐의 문제일 뿐인 거지.

이 책을 다 썼을 때쯤, 어딘가에서 들어본 '살면서 친한 사람 3명만 만들어도 성공한 인생'이라는 말이 떠올랐다. 어라,

나는 당신에게 인생을 성공하는 비결을 알려준 셈인 건가? 성공해서 정상에서 만나자고 해야 할 것 같은데…. 아무튼 모르겠고, 그저 이 책을 통해 당신이 진정으로 원하는 걸 얻기를 바란다. 그것이 사랑이든, 사람이든, 행복이든.

사랑받는 이기주의자

사랑받는 이기주의자

ⓒ 박코, 2024

초판 1쇄 발행 2024년 5월 2일
초판 2쇄 발행 2024년 6월 5일

지은이 박코
책임편집 배상현
콘텐츠 그룹 배상현 김다미 김아영
북디자인 김정연

펴낸이 전승환
펴낸곳 책 읽어주는 남자
신고번호 제2019-00045호
이메일 bookpleaser@thebookman.co.kr
ISBN 979-11-93937-05-1 03190